MW01441417

Ahorra impuestos valorándote

Estrategia de Bienes No Visibles

Carlos Enrique Garcés Ventosa

Ahorra impuestos valorándote

Estrategia de bienes no visibles

Carlos Enrique Garcés Ventosa

Primera edición: mayo 2024.

ISBN: 9798325787836

Registro Safe Creative: 2405168007423

D.R. © de esta edición: Carlos Enrique Garcés Ventosa.

Av. Hidalgo 511-11, San Bernardino Tlaxcalancingo, San Andrés Cholula, Puebla México C.P. 72820

Teléfono +52 (55) 65 04 41 94.

E-mail: carlos.garces@mipatrimonio.academy

www.mipatrimonio.academy

www.carlosgarces.mx

Diseño editorial: Alfredo Ríos Gómez

Todos los derechos reservados. Quedan rigurosamente prohibidas, sin la autorización escrita de los titulares del copyright, bajo las sanciones establecidas en las leyes, la reproducción total o parcial de esta obra por cualquier medio o procedimiento, comprendidos la reprografía y el tratamiento informático, y la distribución de ejemplares de ella mediante alquiler o préstamos públicos.

Impreso en EEUU

Dedicatoria

A mis dos hijos Carlos y Ana María, motivo de orgullo e inspiración para seguir caminando con entusiasmo por este plano

A mi amada Claudia por seguir siendo, estando e impactando en mi vida tan congruentemente

A Él que me motiva e inspira para ser un mejor ser humano y a quien consagro siempre todos mis actos

Agradecimientos

El método de Capitalización Estratégica de Bienes No Visibles se desarrolló y enriqueció gracias al diálogo constructivo con muchas colegas y amigos, cuya participación también impulsó la elaboración de este libro. A cada una de ellas mi más profundo agradecimiento.

Agradezco como siempre también a mi maestro, el doctor Ángel D´Marquez Calderón, por su amoroso acompañamiento, que en paz descanse. A Marco Aurelio Caparroso Chávez por sensibilizarme respecto a los principales aspectos de la asesoría patrimonial. A Santiago Sánchez Quiñones por sus consejos y visión sobre los beneficios de identificar y valuar los activos intangibles que poseen los profesionistas y consultores y no solamente las empresas. A Richard Halbinger por sus valiosas aportaciones en torno a la estrategia de crecimiento de valor de las marcas y el know how de las personas. A Eduardo Michael Nacer Ramos por sus generosas aportaciones en torno a la valuación de los activos intangibles. A Jesús y Eduardo Mejía Gutiérrez por haber despertado en mi la consciencia del valor que reside en las marcas de las empresas. A mi socio Saúl Sánchez Macías por sus siempre brillantes y oportunas aportaciones. A Kissel Dávila, Lucelia Leyva y Sandra Valdez por estar siempre dispuestas a colaborar conmigo. A Luis Abraham Sánchez Macías por sus consejos y recomendaciones. A Julián Bustacara quien, desde Bucaramanga, Colombia no ha dejado de darme lata para pulir mi contenido en redes sociales y seguir compartiendo información de valor. A Hugo Alvarado colega del IPADE, por su confianza y pruebas piloto de la versión final del programa. A Mariano Luna por ser la persona que más ha reconocido mi trabajo en el sector asegurador. A Erick Sarmiento por motivarme y acompañarme a descubrir el valor que reside en mi trabajo y esfuerzo.

Especialmente agradezco el profesional y amoroso acompañamiento de Checo Anaya y su equipo conformado por Pablo, Daniel Liván, Valeria, Marcela y Erick, ya que este libro es el resultado de trabajar intensamente con ellos para perfeccionar el método de Capitalización Estratégica de Bienes No Visibles y darlo a conocer efectivamente por medios digitales. Una de las mejores decisiones profesionales que he tomado en los últimos 30 años fue haberme puesto en sus manos. Gracias, gracias, gracias…

De igual forma, a cada uno de mis clientes y amigos que me han seguido y motivado, lo mismo leyendo mis libros que recomendando mis consultorías, talleres, seminarios y programas. Gracias por su confianza.

ÍNDICE

Agradecimientos — **7**
Prólogo — **10**
Introducción — **13**
Capítulo 1: La necesidad — **17**
1.1 El entorno profesional y empresarial — 17
1.2 El enfoque profesional vs. el sentido de negocio — 21
1.3 Desafíos comunes de los profesionistas — 25
    1.3.1 Limitaciones en la captación de clientes — 31
    1.3.2 Problemas de fijación de precios — 35
    1.3.3 Priorización de la administración del negocio — 39
    1.3.4 Dificultades en la retención de clientes — 43
1.4 La importancia de los activos intangibles — 48
1.5 Optimización de impuestos para profesionistas — 53
1.6 Aplicación de tácticas fiscales en personas físicas — 56

Capítulo 2: El método — **59**
2.1 Origen y desarrollo del método — 59
2.2 Clave para identificar, valuar y amortizar activos intangibles — 67
2.3 Fórmula integral de tres tácticas — 73
    2.3.1 Caso de estudio y ejemplo práctico. — 75

2.4 Secretos para la consolidación
　　　patrimonial internacional　　　　　　　80
　　2.4.1 Ejemplo práctico　　　　　　　　　　83

Capítulo 3: La implementación　　　　　　85

3.1 Inmersión a la incubadora financiera　　　85
3.2 Mentoría 1: Diagnóstico patrimonial　　　89
3.3 Mentoría 2: Materialidad ontológica　　　96
3.4 Mentoría 3: Valuación de activos intangibles　104
3.5 Mentoría 4: Dictamen y amortización　　107
3.6 Mentoría 5: Materialidad financiera　　　113
3.7 Mentoría 6: Materialidad comercial　　　119
　　3.7.1 Ejemplo práctico para convertirse en marca estrella.　121
3.8 Mentoría 7: Capitalización de activos　　127
　　Test de tolerancia al riesgo　　　　　　　130
3.9 Mentoría 8: Consolidación estratégica　　137
3.10 Resultados y conclusiones　　　　　　142

GLOSARIO　　　　　　　　　　　　　　149
SOBRE EL AUTOR　　　　　　　　　　　151

Prólogo

Queridos amigos y colegas empresarios,

Es un honor para mí presentar el prólogo de este libro tan importante y oportuno sobre gestión financiera para profesionistas y consultores independientes. Como emprendedor y amigo de Carlos, me complace respaldar esta obra que ofrece una guía práctica y completa para aquellos que buscan optimizar sus recursos financieros y proteger su patrimonio de manera efectiva.

Conozco a Carlos Garcés, autor de este libro, quien también es mi amigo y ha sido mi compañero en diversos cursos y diplomados. Durante nuestro tiempo juntos en los diversos programas académicos y de formación social que hemos cursado, he podido apreciar su profundo compromiso con el bienestar financiero de sus colegas empresarios y su dedicación a compartir conocimientos y experiencias que puedan beneficiar a la comunidad empresarial en general.

En este libro, el autor combina su experiencia en el campo de la gestión financiera con una comprensión única de las necesidades y desafíos específicos que enfrentan los profesionistas y consultores. A través de un enfoque integral y práctico, ofrece estrategias claras y tácticas efectivas para capitalizar activos intangibles, reducir la carga fiscal y proteger el patrimonio personal y empresarial.

Lo que más me impresiona de este libro es su enfoque holístico, que reconoce la interconexión entre los aspectos financieros, fiscales y comerciales de la gestión empresarial. Al presentar una fórmula integral de tres tácticas y guiar a los lectores a través de un proceso de mentoría paso a paso, el autor ofrece un enfoque práctico y efectivo para lograr resultados financieros sólidos y sostenibles.

A través de estas letras, quiero felicitar al autor por este gran logro y agradecerle por su dedicación para compartir su experiencia y conocimientos con la comunidad empresarial. Estoy seguro de que este libro será una herramienta valiosa para todos aquellos que buscan alcanzar la excelencia en la gestión financiera y asegurar un futuro próspero para sus negocios y sus familias.

Atentamente,

Juan José Solana Lozano

Empresario y amigo.

Abril 2024

Introducción

Desde el inicio de la pandemia en marzo de 2020, el mundo empresarial ha enfrentado desafíos sin precedentes. Como consultor financiero, me vi obligado a replantearme muchas de las estrategias y enfoques tradicionales para ayudar a mis clientes a navegar por este panorama cambiante. Fue durante este tiempo tumultuoso que comencé a explorar más a fondo los beneficios de la identificación de activos intangibles y su integración armoniosa con los planes personales de retiro y los seguros de vida empresariales.

Si bien había considerado estas estrategias anteriormente, fue en medio de la crisis global que realmente aprecié su valor y potencial para proporcionar estabilidad financiera y protección en tiempos de incertidumbre. Sin embargo, entender estas ideas y convertirlas en prácticas efectivas de consultoría requería tiempo y madurez. Fue necesario desarrollar un método sólido y refinado, así como implementarlo a través de la capacitación y el entrenamiento no solo para empresas, pero también para profesionistas y consultores.

Ahora, al mirar hacia atrás, puedo ver cómo cada paso en mi camino profesional me llevó inevitablemente a este punto. Cada experiencia, cada desafío y cada éxito contribuyó a la formación de un enfoque integral y efectivo para la gestión financiera y la protección patrimonial. A través de la paciencia y la perseverancia, he llegado a comprender la importancia de esperar el momento adecuado para compartir estas ideas y prácticas con el mundo.

Como dice el joven psicólogo catalán, Bertrand Regader, "Si la paciencia está contigo, cualquier éxito sabrá a vida...".

Este libro es el resultado de años de experiencia, aprendizaje y evolución en el campo de la consultoría financiera. En sus páginas, compartiré el método que he desarrollado y refinado, así como las estrategias prácticas para identificar, valorar y amortizar activos intangibles, y cómo combinarlos hábilmente con los planes de retiro personal y los seguros de vida empresariales. Mi objetivo es proporcionar a los profesionistas y consultores una guía clara y efectiva para proteger y hacer crecer su patrimonio en un mundo empresarial en constante cambio.

Ahora, más que nunca, es crucial aprovechar estas estrategias financieras para asegurar un futuro próspero en medio de la incertidumbre. A través de este libro, espero ofrecerles las herramientas y el conocimiento necesarios para alcanzar sus metas financieras y construir un legado duradero para las generaciones futuras.

El título "Ahorra Impuestos Valorándote" encapsula la esencia de la filosofía y las estrategias presentadas en este libro. La idea central es que, al identificar, valorar y amortizar adecuadamente tus activos intangibles, como tu experiencia, conocimientos y reputación, puedes aprovechar al máximo los beneficios fiscales disponibles.

Al reconocer tu propio valor y el valor de tu negocio de manera integral, puedes optimizar tu situación financiera y reducir significativamente tu carga tributaria. Este enfoque no solo te permite ahorrar impuestos de manera legal y ética, sino que también te empodera para construir un patrimonio sólido y duradero.

En resumen, "Ahorra Impuestos Valorándote" es una invitación a descubrir el potencial oculto en tu negocio y en ti mismo, y a utilizarlo de manera estratégica para alcanzar tus objetivos financieros.

Bienvenidos a un viaje de descubrimiento y transformación financiera y patrimonial.

Carlos Enrique Garcés Ventosa

Mayo 2024

Capítulo 1:

La necesidad

"Una vez establecida, la reputación no cambia fácilmente"

Albert Bandura

1.1 El entorno profesional y empresarial

El mundo empresarial está experimentando una transformación sin precedentes, donde los activos tangibles tradicionales ya no son los únicos impulsores del valor de las empresas. En un artículo reciente publicado por Pablo Sempere en CincoDías del periódico El País, se reveló que el valor total de las empresas cotizadas en bolsa ha superado los 100 billones de dólares por primera vez en la historia. Detrás de estas cifras récord, se encuentra una tendencia que cada vez gana más fuerza: el ascenso de los activos intangibles.

Los activos tangibles, como las propiedades, los equipos y el capital disponible, han sido históricamente los pilares del valor empresarial. Sin embargo, en la actualidad, los activos intangibles están adquiriendo un protagonismo sin precedentes. Estos activos, que son difíciles de cuantificar, pero influyen directamente en la percepción y la imagen de una compañía, están emergiendo como uno de los principales impulsores del crecimiento empresarial.

Según David Haigh, consejero delegado de Brand Finance, el 52% del valor total de las empresas ya proviene de activos intangibles, con un impacto económico que supera los 57,3 billones de dólares. Esta cifra representa un hito significativo en la historia empresarial moderna y subraya la importancia creciente de los activos intangibles en la creación de valor empresarial.

Sin embargo, a pesar de la creciente importancia de los activos intangibles, muchas empresas enfrentan desafíos significativos en su identificación, valoración y gestión. Haigh destaca la falta de mecanismos adecuados para contabilizar estos activos en los balances de las empresas, lo que dificulta su mejora y transmisión a los stakeholders.

Además, existe un fenómeno preocupante: los activos intangibles no revelados representan hasta el 40% del valor total de las empresas en algunos casos. Esto significa que muchas empresas están dejando sobre la mesa un potencial económico significativo al no prestar atención a la gestión de sus activos intangibles.

En este nuevo panorama empresarial, la competencia se centra cada vez más en la confianza y la reputación. Aspectos como el riesgo reputacional, la responsabilidad social, la sostenibilidad y la comunicación juegan un papel crucial en la creación de valor empresarial. Por lo tanto, el mayor desafío para las empresas en la actualidad es gestionar de manera efectiva tanto los activos tangibles como los intangibles.

En este contexto, surge la necesidad de desarrollar estrategias innovadoras para identificar, valorar y gestionar los activos intangibles. En este libro, exploraremos el concepto de Capitalización Estratégica de Bienes No Visibles y su aplicación práctica en el mundo empresarial actual. A lo largo de los siguientes capítulos, descubriremos cómo este enfoque puede ayudar a los profesionistas y empresarios a optimizar sus recursos, reducir su carga impositiva y proteger su patrimonio en un entorno empresarial cada vez más competitivo y dinámico.

En México, según datos de la Encuesta Nacional de Ocupación y Empleo (ENOE) 2023, existen aproximadamente 11 millones de profesionistas ocupados. Este grupo diverso de profesionales abarca una amplia gama de campos, desde la medicina y la ingeniería hasta la arquitectura y las finanzas.

De acuerdo con el Instituto para la Competitividad (IMCO), a través de su herramienta Compara Carreras, se ha realizado un análisis anual que ofrece un panorama general de las carreras universitarias en el país. En este estudio, se evaluaron un total de 51 carreras universitarias, y se destacaron las 10 carreras mejor pagadas en términos salariales.

Las 10 carreras mejor pagadas, según el estudio del IMCO basado en datos de la ENOE, son las siguientes:

1. Medicina de especialidad
2. Finanzas, banca y seguros
3. Medicina general
4. Ingeniería en electrónica
5. Ingeniería en electricidad
6. Arquitectura y urbanismo
7. Ingeniería civil
8. Investigación educativa
9. Ingeniería mecánica

10. Industria de la minería, extracción y metalurgia

Los profesionales que se desempeñan en estas áreas enfrentan desafíos únicos en el desarrollo de sus negocios. Además de su experiencia técnica en sus respectivos campos, necesitan capacitación y entrenamiento en materia de planeación financiera, fiscal y patrimonial. Es fundamental que adquieran habilidades en ventas y marketing, tanto tradicionales como digitales, para poder promover sus servicios de manera efectiva en un mercado competitivo.

Aprender a identificar y valorar sus bienes no visibles, como su reputación profesional, experiencia especializada y redes de contactos, es esencial para destacarse y tener éxito en sus carreras. Mostrar estos activos intangibles al mercado puede abrir nuevas oportunidades y generar un mayor reconocimiento y demanda de sus servicios.

En resumen, los profesionistas en las áreas mencionadas necesitan desarrollar una gama diversa de habilidades que vayan más allá de su experiencia técnica, incluyendo la gestión empresarial, las ventas y el marketing, para alcanzar su máximo potencial en el mercado laboral y empresarial actual.

"Una marca para una empresa es como la reputación para una persona. Ganas tu reputación tratando de hacer bien las cosas difíciles"

Jeff Bezos

1.2 El enfoque profesional vs. el sentido de negocio

Los profesionistas y consultores independientes enfrentan una serie de desafíos únicos que dificultan el desarrollo de sus negocios. Estos desafíos van desde la falta de habilidades comerciales hasta la ausencia de beneficios corporativos. A continuación, detallaré algunas razones por las cuales a estos profesionales les cuesta tanto trabajo despegar económicamente:

- **Aprendizaje por prueba y error:** Muchos profesionistas y consultores independientes carecen de la habilidad comercial y la astucia callejera necesarias para hacer crecer su negocio. A menudo, aprenden estas habilidades a base de prueba y error, lo que les lleva mucho tiempo descubrir métodos más eficientes y probados que podrían ahorrarles años de experimentación.

- **Trabajo aislado:** A diferencia de las empresas consolidadas, los profesionistas y consultores independientes suelen trabajar de manera aislada. Esto significa que son responsables de todas las áreas de su negocio, desde lo comercial hasta lo legal, administrativo, financiero y tecnológico. Esta carga de responsabilidades puede ser abrumadora y dificultar su enfoque en su profesión específica.

- **Dedicación extrema:** Muchos profesionales independientes dedican todo su tiempo y energía a su negocio, trabajando incluso en días festivos y fines de semana. Esta dedicación extrema puede llevar a un agotamiento físico y mental, así como a la falta de tiempo para reflexionar sobre mejoras al negocio y planificación del futuro.

- **Carencia de beneficios corporativos:** A diferencia de los empleados de empresas, los profesionistas independientes no cuentan con beneficios corporativos como seguro de salud, vacaciones pagadas o fondos de retiro. Esto significa que dependen únicamente de lo que logran por su propio esfuerzo, lo que puede generar inseguridad financiera y dificultar la construcción de una marca personal sólida que los diferencie de la competencia.

- **Falta de claridad financiera:** La mezcla de las finanzas personales con las del negocio puede dificultar a los profesionales independientes ver con claridad cómo fluyen los recursos y tomar decisiones financieras efectivas. Esto puede llevar a una gestión financiera deficiente y a la falta de conciencia sobre la importancia de profesionalizar el negocio con políticas, procedimientos y protocolos adecuados.

En resumen, los profesionistas y consultores independientes enfrentan una serie de desafíos que van desde la falta de habilidades comerciales hasta la carencia de beneficios corporativos y la dificultad para gestionar adecuadamente sus finanzas. Superar estos desafíos requiere un enfoque estratégico y una mentalidad empresarial sólida para construir un negocio exitoso y sostenible a largo plazo.

Los arquitectos e ingenieros son un ejemplo de profesionistas que enfrentan una serie de desafíos únicos en el desarrollo de sus negocios, que van desde la falta de habilidades comerciales hasta la ausencia de beneficios corporativos. Aquí hay un ejemplo que ilustra estos desafíos:

Supongamos que un arquitecto recién graduado decide iniciar su propio estudio de arquitectura. Aunque posee un amplio conocimiento técnico y creativo en diseño arquitectónico, enfrenta dificultades para atraer clientes y hacer crecer su negocio debido a varios desafíos:

- **Falta de habilidades comerciales:** A pesar de su talento en el diseño arquitectónico, el arquitecto carece de habilidades comerciales y de marketing para promocionar su trabajo y atraer nuevos clientes. No sabe cómo establecer una marca personal sólida, desarrollar estrategias de marketing efectivas o negociar contratos con clientes potenciales.

- **Trabajo aislado y responsabilidades multifuncionales:** Como propietario de un pequeño estudio de arquitectura, el arquitecto tiene que asumir una variedad de responsabilidades comerciales, administrativas y financieras por sí mismo. Esto incluye tareas como la contabilidad, la gestión de proyectos, la atención al cliente y la adquisición de materiales y suministros, lo que puede resultar abrumador y dificultar su capacidad para enfocarse en su trabajo creativo.

- **Ausencia de beneficios corporativos:** A diferencia de los arquitectos empleados en grandes firmas o empresas, que pueden disfrutar de beneficios como seguro de salud, vacaciones pagadas y planes de jubilación, el arquitecto independiente no tiene acceso a estos beneficios. Depende completamente de su éxito empresarial para garantizar su seguridad financiera y bienestar personal.

Los médicos y dentistas enfrentan también una serie de desafíos únicos en el desarrollo de sus negocios, que van desde la falta de habilidades comerciales hasta la ausencia de beneficios corporativos. Aquí hay algunos de esos desafíos:

- **Falta de habilidades comerciales:** Muchos médicos y dentistas, a pesar de ser expertos en su campo clínico, carecen de habilidades comerciales y de marketing necesarias para promocionar sus servicios y atraer nuevos pacientes. Pueden no saber cómo diferenciarse en un mercado competitivo, establecer estrategias de marketing efectivas o gestionar adecuadamente la relación con los pacientes.

- **Trabajo aislado y responsabilidades multifuncionales:** Los médicos y dentistas que dirigen sus propias prácticas enfrentan la carga de asumir múltiples responsabilidades, desde la atención al paciente hasta la gestión administrativa y financiera. Esto puede resultar abrumador y dificultar su capacidad para enfocarse en brindar atención de calidad mientras gestionan eficientemente el negocio.

- **Competencia en el mercado de la salud:** El mercado de la salud es altamente competitivo, con numerosos proveedores de servicios médicos y dentales compitiendo por la atención de los pacientes. Los médicos y dentistas deben encontrar formas de diferenciarse y destacarse entre la multitud para atraer y retener a los pacientes.

- **Ausencia de beneficios corporativos:** A diferencia de los médicos y dentistas empleados por grandes instituciones de salud, los profesionales independientes pueden carecer de beneficios corporativos como seguro de salud, vacaciones pagadas y planes de jubilación. Esto los deja con la responsabilidad de gestionar su seguridad financiera y bienestar personal a través del éxito de su práctica.

- **Carga regulatoria y administrativa:** Los médicos y dentistas también enfrentan una carga significativa de regulaciones y requisitos administrativos, que pueden consumir tiempo y recursos. Esto incluye mantenerse al día con los cambios en las leyes y regulaciones de salud, mantener registros precisos de pacientes y facturación, y cumplir con estándares de práctica clínica y ética.

En un mercado de gran actividad no destacarse es lo mismo que ser invisible"

Seth Godin

1.3 Desafíos comunes de los profesionistas

Los profesionistas y consultores independientes enfrentan una serie de desafíos comerciales que son fundamentales para el éxito de sus negocios. Estos desafíos van desde la definición del nicho de mercado hasta el desarrollo de habilidades blandas. A continuación, detallaré algunos de los principales desafíos comerciales a los que se enfrentan:

- **Definición del nicho de mercado**: Identificar un nicho de mercado adecuado es crucial para el éxito de cualquier negocio. Los profesionistas y consultores independientes deben determinar qué segmento de la población necesitan sus servicios y cómo pueden diferenciarse de la competencia en ese nicho.

- **Criterios de segmentación**: Una vez identificado el nicho de mercado, es importante segmentarlo en grupos más pequeños basados en criterios demográficos, geográficos, psicográficos o conductuales. Esto permite dirigir los esfuerzos de marketing de manera más efectiva hacia los clientes potenciales más adecuados.

- **Herramientas de segmentación de clientes potenciales**: Para segmentar de manera efectiva a los clientes potenciales, los profesionistas y consultores independientes pueden utilizar una variedad de herramientas, tanto tradicionales como digitales. Esto incluye técnicas de investigación de mercado, análisis de datos y plataformas de gestión de relaciones con los clientes (CRM), entre otros.

- **Optimización de los segmentos**: Una vez que se han identificado y segmentado los clientes potenciales, es importante optimizar estos segmentos para maximizar su rentabilidad. Esto implica ajustar la oferta de servicios y los precios para satisfacer las necesidades y preferencias específicas de cada segmento.

- **Herramientas de marketing**: Los profesionistas y consultores independientes deben dominar tanto las estrategias de marketing tradicionales como las digitales para promocionar sus servicios de manera efectiva. Esto incluye el uso de tácticas de publicidad, relaciones públicas, marketing de contenido, SEO, SEM, redes sociales y marketing por correo electrónico, entre otros.

- **Planeación estratégica**: Desarrollar un plan estratégico sólido es fundamental para el éxito a largo plazo de cualquier negocio. Los profesionistas y consultores independientes deben establecer metas claras, identificar las acciones necesarias para alcanzar esas metas y crear un plan de acción detallado para ejecutar esas acciones de manera efectiva.

- **Gestión de proyectos**: Muchos profesionistas y consultores independientes trabajan en proyectos específicos para sus clientes. Gestionar estos proyectos de manera eficiente y efectiva, desde la planificación hasta la ejecución y la entrega final, es esencial para mantener la satisfacción del cliente y garantizar la rentabilidad del negocio.

- **Administración financiera**: El manejo adecuado de las finanzas es crucial para la viabilidad a largo plazo de cualquier negocio. Los profesionistas y consultores independientes deben ser capaces de gestionar sus ingresos, gastos, presupuestos, facturación y cobranza de manera eficiente para mantener la salud financiera de su negocio.

- **Desarrollo de habilidades blandas**: Además de las habilidades técnicas necesarias para su profesión, los profesionistas y consultores independientes también deben desarrollar habilidades blandas como el manejo de conflictos, la inteligencia emocional, la actitud de servicio, la negociación y la comunicación efectiva. Estas habilidades son fundamentales para construir relaciones sólidas con los clientes y colaboradores, y para resolver problemas de manera efectiva en el entorno empresarial.

Los profesionistas y consultores independientes enfrentan una serie de desafíos comerciales que van desde la definición del nicho de mercado hasta el desarrollo de habilidades blandas. Superar estos desafíos requiere un enfoque estratégico, una mentalidad empresarial sólida y una combinación de habilidades técnicas y blandas.

Un ejemplo típico de una profesión que enfrenta con claridad estos desafíos es la consultoría en marketing digital. Los consultores en marketing digital son profesionales que ayudan a las empresas a promocionar sus productos y servicios en línea, utilizando una variedad de estrategias y herramientas digitales.

Estos profesionales enfrentan desafíos comerciales importantes debido a la naturaleza altamente competitiva y en constante evolución del mercado digital. Aquí hay algunos ejemplos de cómo enfrentan estos desafíos:

- **Definición del nicho de mercado**: Los consultores en marketing digital deben identificar un nicho de mercado específico en el que puedan destacarse y ofrecer un valor único. Esto puede implicar especializarse en un sector particular de la industria, como la salud, la tecnología o la moda, o centrarse en un tipo específico de servicio, como el SEO, la publicidad en redes sociales o el marketing de contenidos.

- **Criterios de segmentación**: Una vez que han identificado su nicho de mercado, los consultores en marketing digital deben segmentar a su audiencia en grupos más pequeños con características demográficas, geográficas o conductuales similares. Esto les permite personalizar sus estrategias de marketing y llegar de manera más efectiva a sus clientes potenciales.

- **Herramientas de segmentación de clientes potenciales:** Los consultores en marketing digital utilizan una variedad de herramientas y plataformas digitales para segmentar a su audiencia y dirigir sus esfuerzos de marketing. Esto puede incluir herramientas de análisis de datos, software de gestión de campañas de correo electrónico, plataformas de publicidad en línea como Google Ads y Facebook Ads, y software de automatización de marketing.

- **Optimización de los segmentos:** Una vez que han identificado y segmentado a su audiencia, los consultores en marketing digital trabajan para optimizar estos segmentos y maximizar su rentabilidad. Esto puede implicar ajustar la oferta de servicios, los precios y las estrategias de marketing para satisfacer las necesidades y preferencias específicas de cada segmento.

- **Herramientas de marketing:** Los consultores en marketing digital dominan una amplia gama de herramientas y estrategias de marketing digital, incluyendo SEO, SEM, marketing de contenidos, publicidad en redes sociales, marketing por correo electrónico y mucho más. Utilizan estas herramientas para promocionar los productos y servicios de sus clientes de manera efectiva en línea.

- **Planeación estratégica:** Los consultores en marketing digital desarrollan planes estratégicos detallados para ayudar a sus clientes a alcanzar sus objetivos de marketing en línea. Esto puede incluir la creación de campañas publicitarias, la optimización del contenido del sitio web, la gestión de las redes sociales y mucho más.

Otro ejemplo de profesión que enfrenta desafíos similares es la consultoría en gestión de recursos humanos. Los consultores en recursos humanos son profesionales que brindan asesoramiento y servicios relacionados con la gestión del talento humano dentro de las organizaciones.

Aquí hay algunos desafíos comunes que enfrentan los consultores en recursos humanos y cómo los abordan:

- **Definición del nicho de mercado:** Los consultores en recursos humanos deben identificar un nicho específico en el mercado, como empresas de tecnología, startups, empresas familiares o industrias específicas. Esto les permite especializarse y ofrecer soluciones adaptadas a las necesidades únicas de ese sector.

- **Criterios de segmentación:** Una vez que han identificado su nicho de mercado, los consultores en recursos humanos deben segmentar a su audiencia en función de factores como el tamaño de la empresa, la industria, la ubicación geográfica y las necesidades específicas de recursos humanos. Esto les permite personalizar sus servicios y abordar las necesidades únicas de cada cliente.

- **Herramientas de segmentación de clientes potenciales:** Los consultores en recursos humanos utilizan una variedad de herramientas y técnicas para identificar y segmentar a sus clientes potenciales. Esto puede incluir análisis de datos demográficos y de mercado, investigación de la competencia, y entrevistas con líderes empresariales para comprender las necesidades y desafíos del cliente.

- **Optimización de los segmentos:** Una vez que han identificado y segmentado a su audiencia, los consultores en recursos humanos trabajan para optimizar estos segmentos y maximizar su efectividad. Esto puede implicar ajustar sus servicios y estrategias de marketing para satisfacer las necesidades y expectativas únicas de cada segmento.

1. Herramientas de gestión de recursos humanos: Los consultores en recursos humanos dominan una amplia gama de herramientas y técnicas relacionadas con la gestión del talento humano, como evaluaciones de desempeño, reclutamiento y selección de personal, capacitación y desarrollo, gestión del cambio organizacional, y compensación y beneficios. Utilizan estas herramientas para ayudar a sus clientes a optimizar sus procesos de recursos humanos y mejorar el rendimiento de su equipo.

- **Planeación estratégica:** Los consultores en recursos humanos desarrollan planes estratégicos detallados para ayudar a sus clientes a alcanzar sus objetivos de recursos humanos y maximizar el rendimiento de su equipo. Esto puede incluir la implementación de políticas y procedimientos, la identificación de áreas de mejora, y la implementación de programas de capacitación y desarrollo para el personal.

Los consultores en marketing digital y en recursos humanos enfrentan desafíos similares a otros profesionales independientes, como la definición del nicho de mercado, la segmentación de clientes potenciales, y la optimización de los servicios y estrategias de marketing. Sin embargo, al abordar estos desafíos de manera efectiva, pueden ofrecer un valor excepcional a sus clientes y destacarse en un mercado competitivo.

"Si a ti no te importa, a tu cliente nunca le importará"

Marlene Blaszczyk

1.3.1 Limitaciones en la captación de clientes

Las principales dificultades que enfrentan los profesionistas y consultores independientes para atraer nuevos clientes y expandir sus carteras se deben a una serie de factores que obstaculizan su capacidad para promoverse efectivamente y aprovechar al máximo sus recursos y habilidades. A continuación, se presentan estas limitaciones ordenadas de acuerdo con su impacto:

A. Creencias limitantes:

A muchos profesionistas y consultores independientes les resulta difícil venderse y destacar sus fortalezas debido a creencias limitantes arraigadas en su mentalidad. Estas creencias, como el miedo a molestar, la aversión a parecer arrogante o la falta de tiempo para promocionarse, pueden inhibir su capacidad para tomar decisiones efectivas y oportunas en la promoción de sus servicios.

B. Falta de atención a clientes antiguos:

Otro factor que contribuye a la dificultad en la captación de clientes es la falta de atención a los clientes existentes. Muchos profesionistas y consultores independientes no ofrecen nuevos servicios ni implementan programas de fidelización para mantener la relación con sus clientes antiguos, lo que resulta en la pérdida de oportunidades de negocios repetidos y recomendaciones.

C. Falta de definición del cliente ideal:

Una limitación común es la falta de definición del cliente ideal. Sin tener claro quiénes son sus clientes ideales y qué necesidades tienen, estos profesionales pueden terminar dirigiendo sus esfuerzos de marketing a audiencias poco adecuadas y desperdiciando recursos en estrategias poco efectivas.

D. Carencia de estrategia de marketing:

Muchos profesionistas y consultores independientes carecen de una estrategia de marketing sólida, ya sea tradicional o digital. La falta de un plan estructurado y coherente para promover sus servicios dificulta su capacidad para llegar a su audiencia objetivo y destacarse en un mercado saturado.

E. Falta de cultivo de marca personal:

Una de las razones más importantes de las limitaciones en la captación de clientes es la falta de atención a la construcción de la marca personal. Estos profesionales pueden ser invisibles en medios digitales y no aprovechar los testimonios positivos de sus clientes satisfechos, lo que limita su capacidad para capitalizar estratégicamente sus activos intangibles y generar confianza en su audiencia.

Las limitaciones en la captación de clientes para profesionistas y consultores independientes son el resultado de una combinación de factores que incluyen creencias limitantes, falta de atención a clientes antiguos, indefinición del cliente ideal, carencia de estrategias de marketing y falta de cultivo de la marca personal. Identificar y abordar estas limitaciones es fundamental para mejorar la capacidad de estos profesionales para promover sus servicios y expandir sus negocios de manera efectiva.

Para ejemplificar la limitación en la captación de clientes en el gremio de investigación educativa, consideremos las siguientes situaciones comunes que enfrentan los profesionales en esta área:

Falta de difusión y promoción:

Muchos investigadores educativos no dedican suficiente tiempo o recursos a la difusión de sus investigaciones. A menudo, se centran en la producción de conocimiento y descuidan la promoción de sus trabajos a audiencias más amplias, incluidas las instituciones educativas, los gobiernos y las organizaciones sin fines de lucro interesadas en implementar programas basados en evidencia.

Barreras de acceso a la información:

La información generada por los investigadores educativos a menudo está disponible en publicaciones académicas de acceso restringido, lo que dificulta que los potenciales clientes, como los responsables de políticas educativas o los profesionales del sector, accedan a ella. Esto limita la capacidad de los investigadores para llegar a audiencias más amplias y aplicar sus hallazgos en contextos prácticos.

Falta de colaboración interdisciplinaria:

En muchos casos, los investigadores educativos trabajan de manera aislada y no colaboran con expertos en otras disciplinas relevantes, como la psicología, la sociología o la economía. Esta falta de colaboración interdisciplinaria limita la capacidad de abordar problemas educativos complejos desde múltiples perspectivas y desarrollar soluciones innovadoras que puedan atraer a potenciales clientes interesados en enfoques holísticos.

Escaso enfoque en resultados prácticos:

Algunos investigadores educativos se centran demasiado en la investigación teórica o abstracta y no prestan suficiente atención a la relevancia práctica de sus hallazgos. Como resultado, pueden tener dificultades para convencer a potenciales clientes de la utilidad y aplicabilidad de sus investigaciones en entornos educativos reales.

Limitaciones de financiamiento y recursos:

Los investigadores educativos a menudo enfrentan restricciones de financiamiento y recursos que limitan su capacidad para llevar a cabo investigaciones de alta calidad y para promover sus resultados de manera efectiva. La falta de fondos puede obstaculizar la realización de estudios a gran escala y la difusión de los resultados a audiencias relevantes.

"Nunca temas pedir demasiado cuando vendas, ni ofrecer muy poco cuando compres"

Warren Buffett

1.3.2 Problemas de fijación de precios

La fijación de precios es una tarea crucial para todos los profesionistas y consultores independientes, ya que puede afectar directamente su rentabilidad y competitividad en el mercado. Aquí hay algunos problemas comunes en la fijación de precios que enfrentan estos profesionales:

1. Determinación del valor del servicio

Uno de los desafíos principales es determinar el valor real de los servicios que ofrecen. La intangibilidad de muchos servicios profesionales dificulta la cuantificación precisa de su valor. Los profesionales deben considerar factores como la experiencia, la calidad del servicio, la demanda del mercado y la competencia al establecer sus precios.

2. Competencia y presión de precios

La competencia en el mercado puede ejercer presión sobre los precios, especialmente si hay muchos proveedores de servicios similares. Esto puede llevar a una guerra de precios en la que los profesionales se ven obligados a reducir sus tarifas para competir, lo que afecta negativamente a su rentabilidad a largo plazo.

3. Percepción del cliente

La percepción del cliente sobre el valor del servicio también influye en la fijación de precios. Los profesionales deben asegurarse de que los clientes perciban el valor de sus servicios y estén dispuestos a pagar tarifas justas por ellos. Esto puede requerir una comunicación efectiva sobre los beneficios y resultados que ofrecen.

4. Costos de producción y operativos

Los profesionales deben tener en cuenta sus costos de producción y operativos al establecer sus precios. Esto incluye gastos como el tiempo dedicado al servicio, materiales, equipo, capacitación y otros costos indirectos. Si los precios no cubren estos costos, el negocio puede volverse insostenible a largo plazo.

5. Estrategias de precios inadecuadas

La elección de una estrategia de fijación de precios inadecuada puede llevar a problemas en la rentabilidad y competitividad del negocio. Por ejemplo, establecer precios demasiado altos puede ahuyentar a los clientes potenciales, mientras que establecer precios demasiado bajos puede reducir la percepción de calidad y valor.

6. Valoración de los servicios adicionales

Algunos profesionales ofrecen servicios adicionales o complementarios junto con su oferta principal. Determinar cómo valorar estos servicios adicionales puede ser un desafío, ya que deben equilibrar la rentabilidad con la satisfacción del cliente y la competitividad en el mercado.

7. Evolución del mercado y tendencias

Los profesionales deben estar atentos a la evolución del mercado y las tendencias del sector para ajustar sus precios en consecuencia. Los cambios en la demanda del mercado, la competencia y las condiciones económicas pueden requerir una revisión periódica de la estrategia de precios.

La fijación de precios es un aspecto crítico del éxito empresarial para todos los profesionistas y consultores independientes. Para superar los desafíos en la fijación de precios, es fundamental comprender el valor del servicio, evaluar cuidadosamente los costos y la competencia, y adoptar estrategias de precios que equilibren la rentabilidad con la percepción del cliente y la competitividad en el mercado.

Para ejemplificar la problemática de fijación de precios para los médicos de especialidad, consideremos el caso de un cirujano plástico. Este tipo de médico ofrece servicios altamente especializados que pueden variar en complejidad y demanda del mercado. Aquí hay algunos desafíos específicos que enfrenta al fijar sus precios:

- **Valoración del servicio:**

Determinar el valor de los procedimientos quirúrgicos estéticos puede ser difícil, ya que el valor percibido puede variar significativamente entre los pacientes. Algunos pacientes pueden estar dispuestos a pagar tarifas más altas por la reputación y experiencia del cirujano, mientras que otros pueden buscar opciones más económicas.

- **Costos de producción y operativos:**

Los cirujanos plásticos enfrentan costos significativos, que incluyen el alquiler de instalaciones médicas, el salario del personal, el equipo médico especializado, los suministros quirúrgicos y los costos de seguros profesionales. Estos costos deben tenerse en cuenta al establecer los precios de los procedimientos quirúrgicos.

- **Competencia y presión de precios:**

En áreas urbanas o regiones con varios cirujanos plásticos, puede existir una competencia feroz que ejerce presión sobre los precios. Algunos cirujanos pueden verse tentados a reducir sus tarifas para atraer pacientes, lo que puede llevar a una disminución en la rentabilidad y la percepción de calidad.

- **Seguros y reembolsos:**

Muchos procedimientos estéticos no están cubiertos por los seguros de salud, lo que significa que los pacientes deben pagar de su bolsillo. Los cirujanos plásticos deben considerar la capacidad de pago de sus pacientes y ajustar sus precios en consecuencia. Además, la complejidad de los sistemas de reembolso puede dificultar la fijación de precios justos para aquellos procedimientos que están cubiertos por seguros.

- **Responsabilidad legal y riesgos:**

Los cirujanos plásticos enfrentan riesgos legales significativos, lo que puede influir en sus decisiones de fijación de precios. Los costos de seguros de responsabilidad profesional pueden ser altos, y algunos cirujanos pueden aumentar sus tarifas para cubrir estos gastos.

Este ejemplo de los cirujanos plásticos muestra una serie de desafíos únicos al fijar sus precios debido a la naturaleza altamente especializada de sus servicios, la competencia en el mercado, los costos operativos y los factores legales y de seguros. Para superar estos desafíos, es fundamental que los cirujanos plásticos comprendan el valor de sus servicios, evalúen cuidadosamente sus costos y la competencia, y establezcan precios que reflejen la calidad y la experiencia que ofrecen.

> *"La capacidad de delegar empieza por creer en el potencial de las personas"*
>
> **Paul J. Meyer**

1.3.3 Priorización de la administración del negocio

Abordemos ahora la importancia de delegar tareas administrativas para que los profesionistas y consultores independientes puedan enfocarse en hacer crecer su negocio y aumentar las ventas. Aquí se presentan algunas ideas clave para minimizar las acciones repetitivas y delegar de manera efectiva:

- **Identifica tareas administrativas que pueden ser delegadas:**

Reconocer qué tareas administrativas consumen una parte significativa del tiempo es el primer paso. Esto incluye actividades como la gestión de documentos, seguimiento de prospectos y cotizaciones. Identificar estas áreas permitirá determinar qué actividades pueden ser transferidas a otros miembros del equipo o a terceros.

- **Contrata a los profesionales adecuados:**

Una vez identificadas las tareas administrativas a delegar, es crucial contratar a personas capacitadas y confiables para asumir esas responsabilidades. Buscar empleados con habilidades específicas para cada tarea o externalizar ciertas funciones a empresas especializadas puede ser una opción. Esto liberará tiempo para enfocarse en la estrategia de ventas y crecimiento.

- **Establece una comunicación efectiva:**

Mantener una comunicación clara y efectiva es fundamental para que la delegación funcione correctamente. Definir claramente las responsabilidades y expectativas para cada tarea delegada, así como establecer canales de comunicación fluidos, ayudará a resolver cualquier duda o problema que pueda surgir.

- **Automatización de procesos:**

La tecnología puede simplificar las tareas administrativas mediante la automatización. Invertir en herramientas como software de gestión de candidatos y cotizaciones puede ahorrar tiempo y minimizar errores. Esto liberará recursos para enfocarse en impulsar las ventas y mejorar la experiencia del cliente.

- **Enfócate en la estrategia y el crecimiento:**

Al delegar las tareas administrativas, se liberará más tiempo y energía para centrarse en la estrategia y el crecimiento del negocio. Desarrollar nuevas estrategias de marketing, buscar oportunidades de expansión, establecer alianzas estratégicas y mejorar la experiencia del cliente son aspectos en los que se puede concentrar. Al fortalecer estos aspectos, se estará en una posición más sólida para aumentar las ventas y lograr el éxito a largo plazo.

La priorización de la administración del negocio mediante la delegación efectiva de tareas administrativas es esencial para que los profesionistas y consultores independientes puedan concentrarse en actividades que impulsen el crecimiento y aumenten las ventas de sus negocios.

Para un profesionista o consultor independiente en el campo de las finanzas, banca o seguros, organizar las tareas administrativas de manera eficiente es fundamental para poder enfocarse en las ventas y la generación de negocio. Aquí hay algunas estrategias que pueden implementar:

1. Priorizar las tareas:

Identificar las tareas administrativas más críticas y que consumen más tiempo es el primer paso. Estas pueden incluir la gestión de documentos, seguimiento de clientes, preparación de informes financieros, entre otras. Una vez identificadas, se pueden priorizar según su importancia y urgencia.

1. Automatización de procesos:

Utilizar herramientas y software de gestión financiera puede ayudar a automatizar muchas tareas administrativas. Por ejemplo, existen programas de contabilidad que pueden gestionar facturas, seguimiento de gastos y generación de informes financieros de manera automática. La automatización ayuda a ahorrar tiempo y minimiza errores.

2. Delegación de tareas:

Identificar las tareas administrativas que pueden ser delegadas a otros miembros del equipo o a terceros es clave. Contratar asistentes virtuales o servicios externos para tareas como gestión de correos electrónicos, programación de citas o mantenimiento de bases de datos puede liberar tiempo para enfocarse en actividades más estratégicas como las ventas y la atención al cliente.

3. Establecer procesos y procedimientos:

Desarrollar procesos y procedimientos claros para las tareas administrativas ayuda a optimizar su realización. Esto incluye crear plantillas para documentos comunes, establecer flujos de trabajo para la gestión de clientes y definir protocolos para la comunicación interna y externa. La estandarización de procesos facilita su ejecución y permite una mayor eficiencia.

4. Planificación del tiempo:

Es importante dedicar tiempo específico en la agenda para realizar las tareas administrativas. Esto puede incluir asignar bloques de tiempo diarios o semanales para la gestión de correos electrónicos, actualización de registros financieros y seguimiento de clientes. Al planificar el tiempo de manera proactiva, se evita que las tareas administrativas se acumulen y afecten otras áreas del negocio.

5. Capacitación y actualización:

Mantenerse al día con las últimas herramientas y tecnologías disponibles para la gestión administrativa es crucial. Participar en cursos de capacitación en software de gestión financiera, asistir a seminarios sobre eficiencia administrativa y estar al tanto de las mejores prácticas en el campo pueden ayudar a optimizar el proceso de administración y liberar más tiempo para actividades generadoras de ingresos.

Para un profesionista o consultor independiente en el ámbito de las finanzas, banca o seguros, organizar las tareas administrativas de manera efectiva implica identificar, automatizar, delegar, establecer procesos, planificar el tiempo y mantenerse actualizado. Al implementar estas estrategias, pueden concentrarse en las actividades que impulsan el crecimiento y la generación de negocio.

"El camino al corazón de un cliente es mucho más que un programa de fidelización. Hacer verdaderos fans a los clientes consiste en crear experiencias de las que valga la pena hablar"

Valeria Maltoni

1.3.4 Dificultades en la retención de clientes

La retención de clientes es un desafío significativo para muchos profesionales y consultores independientes, independientemente de su campo de especialización. A continuación, se presentan algunas de las dificultades más comunes en la retención de clientes y cómo abordarlas:

1. Competencia feroz:

En la actualidad, los clientes tienen una amplia gama de opciones cuando se trata de elegir proveedores de servicios profesionales. La competencia feroz en el mercado significa que los clientes pueden cambiar fácilmente a otro proveedor si no están satisfechos con el servicio recibido.

Para diferenciarse en un mercado competitivo, los profesionales y consultores independientes deben centrarse en ofrecer un valor único y destacar sus fortalezas y áreas de especialización. Esto puede implicar desarrollar un nicho específico dentro de su campo, ofrecer servicios personalizados o agregar valor adicional a través de servicios complementarios.

2. Expectativas cambiantes del cliente:

Las expectativas de los clientes están en constante evolución, impulsadas por avances tecnológicos, cambios en el mercado y experiencias previas con otros proveedores de servicios. Mantenerse al día con estas expectativas cambiantes puede resultar desafiante para los profesionales y consultores independientes.

Es fundamental para los profesionales y consultores independientes mantenerse al tanto de las tendencias del mercado y adaptarse a las expectativas cambiantes de los clientes. Esto puede implicar la implementación de nuevas tecnologías, la mejora de la experiencia del cliente y la personalización de los servicios para satisfacer las necesidades individuales de cada cliente.

3. Falta de comunicación y compromiso:

La falta de comunicación efectiva y el compromiso insuficiente pueden llevar a una desconexión entre el profesional o consultor independiente y sus clientes. Esto puede resultar en una pérdida de confianza y lealtad por parte del cliente.

Establecer una comunicación clara y regular con los clientes es fundamental para construir relaciones sólidas y duraderas. Los profesionales y consultores independientes deben asegurarse de estar disponibles para responder preguntas, abordar inquietudes y mantener a los clientes informados sobre el progreso del trabajo. Además, es importante demostrar un compromiso genuino con el éxito y la satisfacción del cliente en cada interacción.

4. Necesidades y expectativas no satisfechas:

Si un cliente siente que sus necesidades y expectativas no están siendo satisfechas por un profesional o consultor independiente, es probable que busque alternativas.

Es fundamental para los profesionales y consultores independientes realizar un seguimiento regular con los clientes para evaluar su satisfacción y abordar cualquier problema o preocupación de manera proactiva. Esto puede implicar realizar encuestas de satisfacción del cliente, solicitar comentarios directos y realizar ajustes en los servicios ofrecidos según sea necesario.

5. Falta de valor percibido:

Los clientes deben percibir que están recibiendo un valor significativo por el dinero que están pagando por los servicios de un profesional o consultor independiente. Si no perciben este valor, es probable que busquen alternativas que consideren más beneficiosas.

Es importante para los profesionales y consultores independientes comunicar claramente el valor de sus servicios y cómo pueden beneficiar a los clientes. Esto puede implicar destacar los resultados exitosos obtenidos para clientes anteriores, proporcionar testimonios y estudios de caso, y demostrar el retorno de la inversión que los clientes pueden esperar al trabajar con el profesional o consultor independiente.

La retención de clientes es un desafío común para profesionales y consultores independientes en todas las industrias. Sin embargo, al abordar de manera proactiva las dificultades mencionadas anteriormente y centrarse en ofrecer un servicio excepcional y un valor agregado a los clientes, los profesionales y consultores independientes pueden mejorar la retención de clientes y construir relaciones sólidas y duraderas con su base de clientes.

Para los ingenieros civiles, la retención de clientes puede presentar desafíos específicos debido a la naturaleza de su trabajo y las expectativas de los clientes en esta industria. Aquí tienes un ejemplo que ejemplifica las dificultades en la retención de clientes para los ingenieros civiles:

1. Competencia feroz:

En la industria de la ingeniería civil, la competencia entre empresas y profesionales es intensa. Los clientes tienen muchas opciones para elegir entre diferentes firmas de ingeniería, lo que puede hacer que retener a los clientes existentes sea un desafío.

Ejemplo:

Imagina que eres un ingeniero civil que ofrece servicios de diseño y construcción de proyectos de infraestructura. A pesar de haber completado con éxito varios proyectos para un cliente en el pasado, este cliente ahora está considerando trabajar con otra firma de ingeniería que ofrece tarifas más competitivas o promete completar el proyecto en un plazo más corto. Como resultado, el cliente decide no renovar su contrato contigo y opta por la competencia.

2. Cambios en las necesidades del cliente:

Las necesidades y prioridades de los clientes en la industria de la ingeniería civil pueden cambiar con el tiempo debido a factores como cambios en la legislación, avances tecnológicos o nuevas tendencias en diseño y construcción. Si un ingeniero civil no puede adaptarse a estos cambios y satisfacer las nuevas necesidades de sus clientes, es posible que pierda su negocio.

Ejemplo:

Supongamos que eres un ingeniero civil que se especializa en el diseño de puentes y carreteras. A lo largo de los años, has desarrollado una reputación sólida por tu experiencia en este campo. Sin embargo, recientemente, los clientes han comenzado a mostrar un mayor interés en proyectos de infraestructura sostenible y respetuosa con el medio ambiente. A menos que puedas adaptar tus servicios para satisfacer estas nuevas demandas y ofrecer soluciones innovadoras que cumplan con los estándares de sostenibilidad, es posible que pierdas clientes ante competidores que puedan hacerlo.

3. Problemas de comunicación y entrega:

La comunicación deficiente y los retrasos en la entrega de proyectos son problemas comunes que pueden afectar la relación entre un ingeniero civil y sus clientes. Los clientes esperan una comunicación clara y transparente durante todo el proceso del proyecto, así como una entrega oportuna y sin contratiempos.

Ejemplo:

Supongamos que eres contratado para diseñar un nuevo sistema de drenaje pluvial para una comunidad local. A medida que avanza el proyecto, surgen problemas de comunicación entre tu equipo y el cliente, lo que resulta en malentendidos y confusiones sobre los requisitos del proyecto. Además, debido a retrasos en la adquisición de permisos y materiales, el proyecto se retrasa significativamente, lo que frustra al cliente y pone en peligro la relación comercial.

En resumen:

La retención de clientes para ingenieros civiles puede ser desafiante debido a la competencia feroz, los cambios en las necesidades del cliente y los problemas de comunicación y entrega. Para superar estos desafíos, los ingenieros civiles deben enfocarse en ofrecer un servicio excepcional, adaptarse a las nuevas demandas del mercado y mantener una comunicación clara y transparente con sus clientes en todo momento.

"Si solo te dieras cuenta, cuán importante eres para la vida de aquellos que conoces, cuán importante podrías ser para la gente que aún no has soñado conocer. Hay algo de ti que dejas en cada persona que conoces"

Fred Rogers

1.4 La importancia de los activos intangibles

En un entorno empresarial cada vez más digitalizado, los profesionales y consultores independientes se enfrentan a una serie de desafíos, desde la captación de clientes hasta la retención de estos. Una alternativa efectiva para abordar estos desafíos radica en la identificación y aprovechamiento de activos intangibles para construir una marca personal sólida y una reputación destacada en todos los medios disponibles.

1. Identificación de activos intangibles:

Los activos intangibles incluyen elementos como la reputación, el conocimiento especializado, las habilidades únicas, la red de contactos y la presencia en línea. Estos activos son fundamentales para diferenciarse en un mercado competitivo y establecerse como líder en el campo.

2. Construcción de una marca personal:

Los profesionales y consultores independientes pueden aprovechar estos activos intangibles para desarrollar una marca personal sólida. Esto implica definir claramente su propuesta de valor única, comunicar sus habilidades y experiencia de manera efectiva y crear una presencia coherente en todos los canales de comunicación, desde las redes sociales hasta los sitios web profesionales.

3. Desarrollo de una reputación destacada:

La reputación es un activo intangible invaluable en el mundo empresarial. Los profesionales pueden construir una reputación destacada demostrando consistentemente su experiencia, entregando resultados excepcionales y estableciendo relaciones sólidas con sus clientes. Una reputación positiva no solo ayuda a retener clientes existentes, sino que también atrae nuevos clientes a través de recomendaciones y referencias.

4. Adaptación a las tendencias digitales:

En el contexto de la transformación digital, es crucial adaptarse a las tendencias digitales y aprovechar las herramientas disponibles para promover la marca personal y la reputación en línea. Esto puede incluir el uso estratégico de las redes sociales, la creación de contenido relevante y valioso, y la participación en comunidades en línea relacionadas con su campo de especialización.

Beneficios de construir una marca personal y reputación:

Captación de clientes: Una marca personal fuerte y una reputación destacada pueden ayudar a atraer nuevos clientes al demostrar credibilidad y experiencia en el campo.

Fijación de precios: Los profesionales con una marca personal establecida pueden justificar tarifas más altas al ofrecer un mayor valor percibido para sus servicios.

Priorización de la administración del negocio: Al construir una marca personal sólida, los profesionales pueden delegar tareas administrativas y centrarse en actividades que impulsen el crecimiento y la expansión de su negocio.

Retención de clientes: Una reputación positiva y una marca personal reconocida pueden ayudar a fortalecer las relaciones con los clientes existentes, aumentando así la lealtad y la retención a largo plazo.

La identificación y el aprovechamiento de activos intangibles para construir una marca personal y reputación sólidas son una estrategia valiosa y efectiva para abordar los principales desafíos que enfrentan los profesionales y consultores independientes en el entorno empresarial actual. Al invertir en el desarrollo y la promoción de estos activos, los profesionales pueden diferenciarse, establecerse como líderes en su campo y alcanzar el éxito a largo plazo.

La construcción de una marca personal en el sector de la salud es fundamental para establecer la reputación y la credibilidad necesarias para atraer pacientes y clientes. Aquí te presento un plan detallado para ejemplificar cómo profesionales del sector salud, incluyendo médicos, dueños de clínicas y laboratorios, pueden construir una marca personal sólida:

1. Define tu propuesta de valor única

- Identifica qué te hace único y qué valor añadido puedes ofrecer a tus pacientes o clientes.

- ¿Tienes especializaciones, experiencia o técnicas innovadoras que te diferencien de otros en tu campo?

- Articula claramente tu propuesta de valor en términos de cómo puedes ayudar a tus pacientes a resolver sus problemas de salud o necesidades médicas de manera efectiva y compasiva.

2. Crea una identidad visual coherente

- Diseña un logotipo y una paleta de colores que reflejen tu personalidad y la imagen que deseas proyectar.

- Desarrolla un sitio web profesional y atractivo que incluya información sobre tus servicios, tus credenciales, testimonios de pacientes satisfechos y contenido educativo relevante.

3. Establece una presencia en las redes sociales

- Crea perfiles en las redes sociales más relevantes para tu audiencia, como Facebook, Instagram, LinkedIn y Twitter.

- Comparte contenido útil y relevante, como consejos de salud, noticias médicas y actualizaciones sobre tus servicios.

- Interactúa con tus seguidores respondiendo a sus preguntas, comentando en publicaciones relacionadas y participando en conversaciones relevantes.

4. Colabora con otros profesionales del sector

- Busca oportunidades para colaborar con otros profesionales de la salud en tu comunidad, como médicos especialistas, terapeutas, nutricionistas, etc.

- Participa en eventos de networking, conferencias y ferias de salud para establecer contactos y fortalecer tu red profesional.

5. Ofrece contenido educativo de calidad

- Publica blogs, artículos y videos informativos sobre temas de salud relevantes para tu audiencia.

- Organiza seminarios, webinars o talleres educativos gratuitos para educar a la comunidad sobre temas de salud específicos y establecer tu reputación como un experto en tu campo.

6. Recopila testimonios y reseñas de pacientes

- Solicita a tus pacientes que dejen reseñas y testimonios en tu sitio web o en plataformas de reseñas populares, como Google My Business o Yelp.

- Utiliza estas reseñas y testimonios para construir credibilidad y confianza entre los nuevos pacientes potenciales.

7. Mantén un servicio al cliente excepcional

- Brinda una atención personalizada y compasiva a cada paciente que entre por tus puertas.

- Asegúrate de que tu personal esté bien capacitado y sea amable y cortés en todo momento.

- Resuelve rápidamente cualquier problema o preocupación que puedan tener tus pacientes y demuestra tu compromiso con su bienestar.

8. Participa en actividades de responsabilidad social empresarial (RSE)

- Organiza campañas de salud comunitarias, eventos de donación de sangre, jornadas de vacunación gratuita u otras actividades de RSE para contribuir al bienestar de tu comunidad.

- Comunica estas actividades a través de tus canales de comunicación para mostrar tu compromiso con la responsabilidad social y la salud pública.

Al seguir este plan de acción, los profesionales del sector salud pueden construir una marca personal sólida y establecerse como líderes en su campo, lo que les permitirá atraer y retener a pacientes y clientes de manera efectiva. La clave está en ofrecer un servicio de calidad, comunicar tus valores y diferenciarte de la competencia a través de una identidad visual y una presencia en línea coherentes.

"Lo más difícil de entender en este mundo es el impuesto sobre la renta"

Albert Einstein

1.5 Optimización de impuestos para profesionistas

En la compleja red de obligaciones fiscales, la optimización de impuestos emerge como una herramienta esencial para profesionistas y consultores independientes. Este capítulo explora la importancia de pagar impuestos y cómo aprovechar estrategias fiscales probadas puede beneficiar tanto a los individuos como a la sociedad en su conjunto.

1. Importancia de pagar impuestos

Los impuestos son el motor que impulsa el funcionamiento de la sociedad. Financian infraestructuras, servicios públicos y programas sociales que benefician a todos los ciudadanos. Contribuir con impuestos es una responsabilidad cívica y moral que garantiza el bienestar colectivo y el desarrollo económico.

2. Conocimiento profundo de obligaciones tributarias

Es fundamental comprender las obligaciones fiscales propias para cumplir con la ley y evitar sanciones. Conocer las leyes y regulaciones fiscales permite identificar oportunidades legales para optimizar la carga tributaria y pagar lo justo.

3. Estrategias de optimización fiscal

Explorar y aplicar estrategias de deducciones y créditos fiscales es clave para minimizar la carga impositiva. La planificación fiscal a corto y largo plazo proporciona claridad sobre cómo maximizar beneficios y reducir la carga tributaria en el presente y en el futuro.

4. Tácticas para profesionistas y consultores independientes:

Los profesionistas y consultores independientes tienen necesidades fiscales específicas. Identificar activos intangibles y aprovechar las herramientas fiscales disponibles les permite optimizar su situación tributaria de manera efectiva y legal.

5. Inversiones y fiscalidad:

Las inversiones pueden ser una estrategia efectiva para optimizar impuestos. Elegir inversiones estratégicas con consideraciones fiscales en mente puede generar beneficios significativos y mejorar la salud financiera a largo plazo.

La optimización fiscal no solo se trata de reducir la carga impositiva, sino también de agregar valor a la gestión financiera personal. El asesoramiento personalizado y la educación continua en fiscalidad son recursos valiosos para maximizar los beneficios fiscales y tomar decisiones financieras informadas.

La optimización fiscal ofrece también la oportunidad de transformar la relación con los impuestos, convirtiéndolos de una carga a una herramienta para el crecimiento financiero. Al dar el primer paso hacia la optimización fiscal, los profesionistas y consultores independientes pueden retener más de sus ganancias y contribuir positivamente al desarrollo económico de la sociedad.

El siguiente ejemplo procura representar para todos los profesionistas y consultores independientes un caso muy común. Es el de Gabriela Jiménez, una abogada independiente con su propio despacho. Gabriela se enfrenta a desafíos comunes como la captación de clientes, la fijación de precios, la gestión administrativa y la optimización de impuestos.

Para abordar estos desafíos, Gabriela decide construir una marca personal sólida que le permita destacarse en su campo y atraer clientes de manera constante. Comienza por identificar sus activos intangibles, como su experiencia legal, su reputación profesional y su red de contactos. Utiliza estos activos para establecer su presencia en línea a través de un sitio web profesional, perfiles en redes sociales y publicaciones en blogs especializados. Esta estrategia le permite aumentar su visibilidad y posicionarse como una experta en su área de práctica.

Además, Gabriela aprovecha las oportunidades de formación continua para mantenerse actualizada sobre las últimas tendencias legales y estrategias fiscales. Se asocia con un asesor financiero para desarrollar una estrategia de optimización fiscal personalizada que le ayude a minimizar su carga tributaria de manera legal y ética.

En cuanto a la fijación de precios, Gabriela realiza un análisis de mercado para determinar tarifas justas y competitivas que reflejen el valor de sus servicios legales. Ofrece opciones de pago flexibles y descuentos por paquetes de servicios para atraer a nuevos clientes y fomentar la fidelidad de los existentes.

Para gestionar eficientemente su despacho y optimizar su tiempo, Gabriela delega tareas administrativas a un asistente virtual y utiliza herramientas de gestión de proyectos y facturación en la nube. Esto le permite concentrarse en su trabajo legal y en la atención al cliente, mejorando así la calidad de sus servicios y la satisfacción de sus clientes.

En resumen, Gabriela demuestra cómo la identificación de activos intangibles y su aprovechamiento para construir una marca personal sólida pueden ayudar a los profesionistas y consultores independientes a superar los desafíos comunes y alcanzar el éxito en sus negocios.

1.6 Aplicación de tácticas fiscales en personas físicas

La optimización fiscal es crucial para las personas físicas con actividad empresarial en México, ya que puede ayudarles a maximizar sus ahorros y cumplir con sus obligaciones tributarias de manera eficiente. Aquí te presento algunas estrategias específicas que pueden aplicar para aprovechar al máximo los beneficios fiscales disponibles:

2. Aprovechar las deducciones fiscales específicas: Es fundamental mantener un registro detallado de los gastos deducibles, como honorarios médicos, colegiaturas educativas, gastos funerarios, medicamentos, entre otros. Conservar las facturas y comprobantes de estos gastos permitirá aprovechar las deducciones fiscales disponibles.

3. Explotar los beneficios de los Planes Personales del Retiro (PPRS) y aportaciones voluntarias al SAR: Contratar seguros de vida, inversiones y planes de ahorro para el retiro y realizar aportaciones voluntarias al Sistema de Ahorro para el Retiro (SAR) no solo asegura un buen retiro, sino que también ofrece beneficios fiscales. Estas aportaciones pueden ser deducibles de impuestos o pueden generar exenciones fiscales, dependiendo de ciertos requisitos como el tiempo de permanencia de la inversión.

4. Aprovechar estímulos fiscales para la inversión y el empleo: El gobierno mexicano ofrece diversos estímulos fiscales para fomentar la inversión y el empleo en ciertos sectores y regiones específicas. Estos estímulos pueden incluir reducciones en el Impuesto Sobre la Renta (ISR) para empresas que invierten en industrias específicas o generan empleo en áreas prioritarias. Es importante identificar si la empresa califica para estos beneficios fiscales y aprovecharlos al máximo.

5. La identificación de activos intangibles puede ser extremadamente útil para optimizar los impuestos. Los activos intangibles, como la propiedad intelectual, la reputación de los profesionistas o consultores independientes, o el conocimiento especializado, pueden ser amortizados a lo largo del tiempo. Por ejemplo, si un médico, arquitecto o ingeniero identifica y valora sus activos intangibles y los amortiza al ritmo permitido por la ley, puede reducir significativamente su base gravable y, por lo tanto, pagar menos impuestos.

Conocer y aplicar estrategias fiscales efectivas es esencial para maximizar los ahorros y garantizar el cumplimiento de todas las obligaciones tributarias. La identificación de activos intangibles y su amortización adecuada es una táctica probada y legal que puede complementar otras estrategias fiscales para optimizar los impuestos de las personas físicas con actividad empresarial en México.

Capítulo 2:

El método

"Por ahorrar dinero, la gente está dispuesta a pagar cualquier precio"

Lawrence de Arabia

2.1 Origen y desarrollo del método

En este segundo capítulo, vamos a explorar los tres pasos clave para obtener ahorros de entre un 30% y 50% en impuestos, al tiempo que duplicamos tus utilidades y te diferencias de la competencia sin recurrir a estrategias arriesgadas y complicadas.

Voy a revelar cómo capitalizar estratégicamente los activos intangibles que hasta ahora han permanecido ocultos en tu negocio, todo mediante un único MÉTODO probado y legal. Este método te permitirá no solo navegar con éxito en medio de recesiones, problemas geopolíticos, pandemias y otras amenazas, sino también mejorar significativamente tu situación financiera.

Te mostraré exactamente lo que hemos hecho, tanto yo como mis clientes. Por ejemplo, José Antonio Carballido está deduciendo más de $8,000 dólares al año aplicando solo una de las tácticas de mi MÉTODO. Otro caso es el del Dr. Isidoro, quien, al terminar el Protocolo Familiar de su empresa, logró disminuir el pago de impuestos en un 37.8% al capitalizar estratégicamente la marca de sus laboratorios, uno de sus principales activos intangibles.

Entonces, si eres un profesionista que factura más de 3 millones de pesos al año, es probable que estés bajo algún régimen fiscal como persona física con actividad empresarial o alguna forma de persona moral. Es probable también que estés pagando muchos impuestos y necesites optimizarlos para ser más rentable.

Es posible que hayas contratado varios consultores financieros y fiscalistas costosos, quienes, hasta ahora, no te han proporcionado soluciones satisfactorias y solo te han ofrecido las mismas soluciones convencionales. Si es así, posiblemente estés buscando una estrategia de alto impacto que sea segura y te permita no solo pagar entre un 30% y 50% menos de impuestos, sino también duplicar tus utilidades y diferenciarte de la competencia.

Es importante destacar que lo que aprenderemos aquí no es magia negra, sino estrategias probadas que solo los mejores conocen. Vamos a ir directo al grano con ejemplos reales del paso a paso para que puedas implementarlos hoy mismo.

En los últimos años, he invertido mucho tiempo y dedicación en aprender de varios líderes en branding y los mejores despachos fiscales de México, como BrandQuo, Capital Brand y Valles Aragón. Todo lo que aprenderemos aquí ha sido puesto a prueba y comprobado. En los últimos 4 años, mis clientes han invertido el producto de su eficientización financiera en las tres tácticas que presentaré, lo que me ha permitido diseñar el Método de Capitalización Estratégica de Bienes No Visibles que veremos a continuación y que funciona de manera efectiva y segura.

Por lo tanto, no solo lograremos obtener ahorros de entre el 30% y 50% en impuestos y duplicar las ganancias, sino también acompañar a nuestros clientes en la construcción de una estrategia segura para conservar y proteger sus activos a mediano y largo plazo, generando grandes patrimonios de forma automática y predecible.

Así fue como me di cuenta de que la capitalización estratégica de bienes no visibles era la mejor forma para reducir los impuestos entre un 30% y 50%, y proteger integralmente el patrimonio.

Como asesor financiero tradicional, mis clientes y yo nos enfrentábamos constantemente a una vulnerabilidad, con ventas estancadas y una fragilidad evidente durante la pandemia.

Yo anhelaba vivir la vida que siempre había deseado, con la certeza de que mi familia y yo mantendríamos nuestro nivel de vida. Sin embargo, con la revolución en el mundo financiero hacia lo digital y la creciente importancia de los activos intangibles, comprendí que mi asesoría necesitaba una transformación.

A pesar de mi falta de conocimiento sobre tecnología, blockchain e intangibles, y de mi incapacidad para imaginar un método que me ayudara a reducir impuestos, aumentar ganancias, conservarlas y disfrutar de ellas simultáneamente, sabía que no podía seguir con la asesoría tradicional.

Uno de mis clientes, el Dr. Isidoro Gómez Albino, médico, se quejaba de pagar demasiados impuestos a pesar de aprovechar algunos beneficios, y su carga impositiva seguía siendo elevada. Sentía frustración por no poder ayudarlo y por estar dejando dinero sobre la mesa.

Me lancé a buscar otros métodos:

- Consulté nuevos despachos de contadores.

- Exploré otros gastos deducibles para reducir la base gravable.

- Me ofrecieron incluso "comprar facturas".

Sin embargo, todo seguía siendo lo mismo que ya conocía. Mi cliente, el Dr. Isidoro, también seguía sin encontrar algo efectivo. Las estrategias eran riesgosas y complicadas, y solo generaban más preocupaciones.

En mi caso, no lograba actualizarme, ahorrar lo planeado, invertir o controlar mis gastos impulsivos.

Todo cambió cuando conocí a Richard Halbinger, un experto en branding estratégico que había ayudado a empresarios y profesionales a ahorrar millones de pesos en impuestos y a aumentar sus ganancias de manera legal. Me reveló su enfoque:

—Les ayudo a identificar sus intangibles para vender más y capitalizar beneficios financieros.—

Le pregunté cómo lo lograba, dado que ni los contadores entendían su método. Respondió:

—Los intangibles son los activos más importantes en todos los negocios. Incluso se registran contablemente. Se refieren a marcas, reputación, know-how, y otros valores que no se materializan, pero tienen gran valor.—

Ejemplificó con el caso de Mexicana de Aviación, que, a pesar de su cierre, conservó un valor de 75 millones de dólares gracias a sus clientes leales.

Sus palabras me impactaron. Comprendí que buscaba fórmulas mágicas para optimizar impuestos cuando necesitaba identificar y capitalizar oportunidades para conservar y proteger mi patrimonio.

Decidí actuar y pasar de ser un "asesor tradicional" a un "estratega integral", ayudando a mis clientes con tres tácticas sencillas y efectivas, como la capitalización de intangibles.

Me especialicé en profesionales y consultores independientes, enfocándome en resultados concretos y altamente deseables, como ahorrar entre un 30% y 50% en impuestos y duplicar las utilidades diferenciándome de la competencia.

Sabía que no había vuelta atrás; era todo o nada. Implicaba cambiar por completo el enfoque de mi trabajo y mis asesorías, y tenía muchas dudas porque algunas tácticas eran desconocidas para mis clientes. Sin embargo, tenía que hacerlo si quería diferenciarme y ayudar mejor a mis clientes.

Finalmente, di el paso, y los resultados superaron mis expectativas.

Desperté en mis clientes la conciencia del valor que residía en su reputación, en su know-how y en su marca personal:

Mis clientes aprovecharon los beneficios a los que tenían derecho pero que no habían visto antes.

- Los que más se beneficiaron fueron los médicos, dueños de clínicas y laboratorios, ya que en el sector salud existen más oportunidades de capitalizar marcas, propiedad intelectual y tecnología.

- Varios aumentaron su facturación hasta en un 60%, al descubrir nuevas oportunidades de negocio.

- Contrataron más colaboradores.

- Pusieron orden en sus finanzas personales y planearon su retiro.

- Habían escuchado que, con mi Método de Capitalización Estratégica de Bienes No Visibles, se beneficiaban financieramente.

Esta travesía los llevó a:

- Fortalecer y capitalizar su marca personal.

- Ahorrar entre un 30% y 50% de impuestos, que invirtieron en fideicomisos internacionales.

- Pasaron de tomar decisiones intuitivas y emocionales a ejecutar tácticas efectivas y seguras. Algunos experimentaron una transformación personal y profesional que les permitió no solo mantenerse durante la pandemia, sino crecer y potenciar sus negocios.

Resultó que todo era más sencillo de lo que pensaban, sin necesidad de ser expertos en marcas o avalúos. Esto les dio claridad en su estrategia y les permitió ejecutarla con seguridad y firmeza.

Finalmente, lograron la serenidad que tanto anhelaban, con la seguridad de que nada les haría falta por las personas en las que se habían convertido. Ahora tenían el poder en sus manos para proteger lo que más atesoraban: su vida, su familia y sus negocios.

Y puedes ver cómo esto cambió la vida de algunos de ellos...

Como el Dr. Isidoro, que terminó el Protocolo Familiar de su empresa y además redujo el pago de sus impuestos en un 37.8%, capitalizando estratégicamente la marca de sus laboratorios, uno de sus principales intangibles.

Y muchos casos más...

Si te sientes frustrado por no saber cómo optimizar la gestión de tus impuestos, probando incluso estrategias riesgosas y complicadas, es porque no se trata de intentar mil y una cosas, sino de emplear las pocas y extremadamente efectivas tácticas legales que te ayudarán a proteger integralmente lo que más te importa: tu vida, tu familia y tus negocios.

Lo más difícil es iniciar, pero una vez que lo hagas, te darás cuenta de cómo todo comienza a fluir.

Imagina cómo sería si la próxima semana pudieras dormir en paz porque todos tus activos están estratégicamente protegidos, has desarrollado más competencias para tomar mejores decisiones y tus ganancias están creciendo de forma sostenible y predecible.

Y mejor aún, la libertad para seguir haciendo lo que más te gusta, habiendo despertado en ti la conciencia del valor que reside en lo intangible, en lo sutil pero esencial de tu ADN, que tiene el poder de comunicar quién eres y lo que vales.

Esa libertad marcó un antes y un después en mi vida...

Me encantaría que, al igual que yo y mis clientes, fueras el siguiente en descubrir tu verdadera propuesta de valor, capitalizando estratégicamente los bienes que han permanecido invisibles hasta ahora, para que sepas navegar exitosamente en medio de recesiones, problemas geopolíticos, pandemias u otras amenazas.

¿Cuáles son los pasos para capitalizar estratégicamente tus activos invisibles y pagar entre un 30% y un 50% menos de impuestos, protegiendo integralmente tu patrimonio?

El primero es la clave para identificar, valorar y amortizar tus activos intangibles que han permanecido ocultos hasta ahora.

El segundo es la fórmula integral de tres tácticas para la monetización, conservación y protección estratégica del patrimonio, de manera fácil, segura y duradera.

El tercero y último es el secreto para consolidar tu patrimonio, diversificando tus activos internacionalmente y conservándolo sin recurrir a estrategias riesgosas, incluso en medio de recesiones, problemas geopolíticos, pandemias u otras amenazas.

Si estás listo o lista para iniciar, vamos directo con el primer paso para despertar en ti la conciencia del valor intangible de tus bienes y proteger tu patrimonio, ganando más dinero.

"Si hubiera una única verdad, no sería posible pintar cientos de cuadros sobre el mismo tema"

Pablo Picasso

2.2 Clave para identificar, valuar y amortizar activos intangibles

¿Sabías que tu negocio posee activos intangibles que seguramente no estás aprovechando al máximo?

Como bien sabes, un activo es un recurso o bien que tiene un valor económico y se espera que genere beneficios en el futuro.

Los activos tangibles son aquellos físicos, como propiedades, vehículos o maquinaria.

Por otro lado, los activos intangibles carecen de sustancia física, incluyendo elementos como marcas, patentes o conocimientos especializados.

Por ejemplo, mientras que una fábrica sería considerada un activo tangible, la reputación de una marca se clasificaría como un activo intangible.

Ambos tipos de activos desempeñan un papel crucial en la evaluación y gestión del patrimonio, cada uno con sus propias consideraciones y estrategias asociadas.

Dependiendo del tipo de negocio o industria, los activos intangibles pueden llegar a representar hasta el 70% del valor total de la empresa. Sí, has oído bien, ¡hasta el 70% del valor de tu negocio!

En la actualidad, más del 52% del valor de todos los negocios y empresas en el mundo proviene de activos intangibles. Desde la década de 1970, esta tendencia ha ido en aumento, como podemos observar en la siguiente ilustración:

ACTIVOS INTANGIBLES

Representan el 52% del valor de los negocios en la actividad

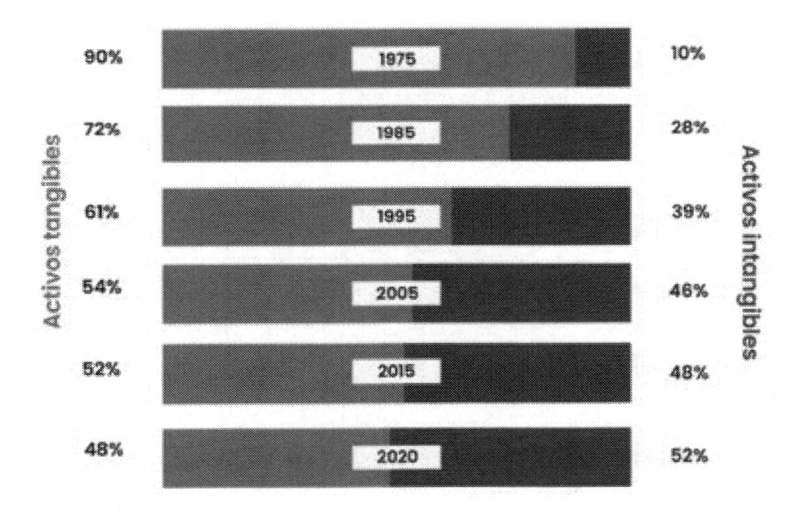

Activos tangibles	Año	Activos intangibles
90%	1975	10%
72%	1985	28%
61%	1995	39%
54%	2005	46%
52%	2015	48%
48%	2020	52%

¿Comprendes por qué es crucial identificar y valorar los activos intangibles?

Pero ¿cómo podemos llevar a cabo este proceso?

El dilema radica en que la mayoría de los profesionales y empresarios no han logrado identificar estos activos, lo que los mantiene invisibles y, por ende, difíciles de gestionar.

Es posible que creas que el valor de tu empresa está determinado únicamente por sus activos tangibles, como inmuebles, sistemas, equipos, maquinaria y vehículos.

Sin embargo, ¡tu valor más importante eres tú mismo!

Tú eres la pieza clave en tu empresa. ¿Qué sería de tu negocio sin tu astucia para los negocios, creatividad, empuje, determinación, conocimientos y liderazgo?

Si deseas proteger integralmente tu patrimonio, primero debes protegerte a ti mismo, reconociendo el valor de tus activos intangibles. Estos activos están impregnados de tu ADN y comunican efectivamente tu propuesta de valor. ¿Estás de acuerdo?

Mi experiencia actual, después de haber asistido a tantos clientes, me indica que la valoración de los activos intangibles no es solo una herramienta estratégica, sino un componente crucial para un blindaje patrimonial completo y efectivo. Proporciona una base sólida para tomar decisiones comerciales informadas y garantiza beneficios financieros a largo plazo.

¿Por qué funciona esto?

Descubrí que elementos como tu marca personal o comercial, tu know-how o saber hacer las cosas, tus diplomas y certificaciones, tu propiedad intelectual, tus patentes, tu tecnología, tu cartera de pacientes y tu reputación son ejemplos de activos intangibles que puedes capitalizar, ya sea como persona física o moral.

Como podemos observar en la siguiente gráfica, existe un inmenso potencial de activos intangibles aún por descubrir, cuantificar y aprovechar:

Los sectores más intangibles

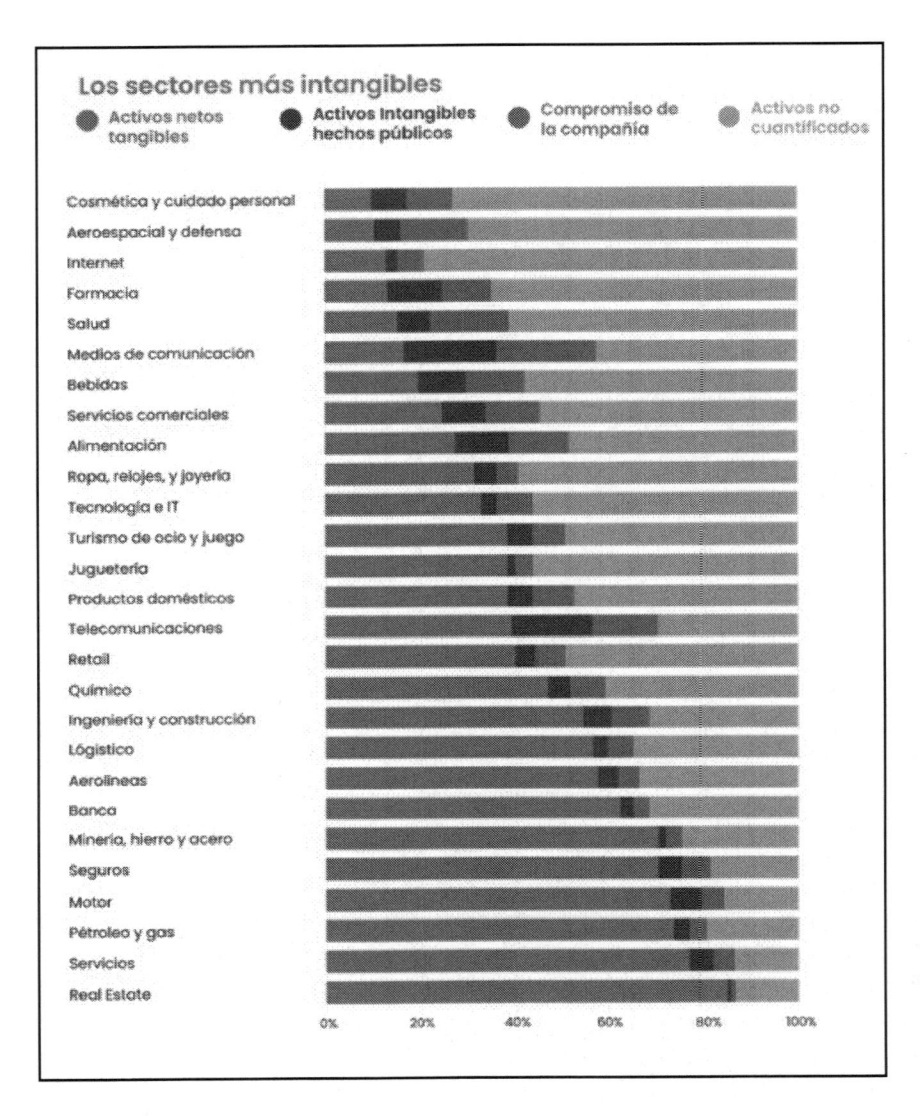

- Activos netos tangibles
- Activos Intangibles hechos públicos
- Compromiso de la compañía
- Activos no cuantificados

Cosmética y cuidado personal	
Aeroespacial y defensa	
Internet	
Farmacia	
Salud	
Medios de comunicación	
Bebidas	
Servicios comerciales	
Alimentación	
Ropa, relojes, y joyería	
Tecnología e IT	
Turismo de ocio y juego	
Juguetería	
Productos domésticos	
Telecomunicaciones	
Retail	
Químico	
Ingeniería y construcción	
Logístico	
Aerolíneas	
Banca	
Minería, hierro y acero	
Seguros	
Motor	
Petróleo y gas	
Servicios	
Real Estate	

La valoración de activos intangibles es hoy en día una pieza fundamental en la planificación patrimonial, a menudo superando en valor a sus contrapartes tangibles.

La adecuada identificación y valoración de estos activos no solo permiten conservar, sino potenciar el patrimonio, ofreciendo una visión integral en un mundo empresarial desafiante y cambiante.

No subestimes esta herramienta.

Reconocer y valorar tus activos intangibles no solo es una estrategia inteligente, sino una táctica esencial para blindar de manera completa tu patrimonio.

Al hacerlo, disfrutas de diversas ventajas:

- Aumentas tus ventas al descubrir nuevas oportunidades de negocio.

- Facilitas la entrada o salida de recursos o socios de manera transparente y justa.

- Atraes a más inversionistas y facilitas la captación de capital.

- Fortaleces tus estados financieros.

- Obtienes beneficios financieros patrimoniales y fiscales significativos, sin requerir desembolsos de efectivo adicionales.

Y para mi sorpresa...

No fue necesario ser contador o experto en branding para entenderlo y ponerlo en práctica.

Ni siquiera tuve que cambiar mi enfoque como asesor patrimonial.

Solo tuve que ayudar a mis clientes a descubrir el valor de su patrimonio.

Decidí enfocarme no solo en los bienes tangibles, sino en valorar también los intangibles.

Todo esto evitando pagos excesivos de impuestos o caer en la riesgosa práctica de "compra de facturas".

Por eso, pensé que, si ayudaba a mis clientes a identificar, valorar y proteger estratégicamente estos activos, el valor más importante de su patrimonio estaría integralmente blindado, y podrían navegar con mayor efectividad en medio de recesiones, problemas geopolíticos, pandemias u otras amenazas.

Como el caso del Dr. Bleu, la identidad comercial del Dr. Carlos Ortiz Pérez, un exitoso médico pediatra de Tamaulipas, para quien el valor de su marca es varias veces mayor que el de los edificios y demás activos de sus clínicas.

Y no olvidemos el caso de Mexicana de Aviación, que, a pesar de su cierre, conservó un valor de 75 millones de dólares a pesar de litigios y golpes mediáticos.

Imagina ver crecer tus ventas y tus utilidades todos los días, sin preocuparte por conservar y proteger tu patrimonio.

¿Cómo cambiaría tu vida si tuvieras la certeza de que tú y tu familia mantendrán el nivel de vida actual sin necesidad de estrategias riesgosas y sabiendo cómo navegar en medio de recesiones, problemas geopolíticos, amenazas o pandemias?

¿Qué te parece?

"No puede resolverse un problema pensando de la misma forma que cuando fue creado"

Albert Einstein

2.3 Fórmula integral de tres tácticas

Ahora que hemos explorado la clave para identificar, valorar y amortizar tus activos intangibles que han permanecido ocultos hasta ahora, y que te ayudarán a reducir tus impuestos en un rango del 30% al 50%, es momento de adentrarnos en la fórmula integral de tres tácticas para la monetización, conservación y protección estratégica de tu patrimonio, de manera fácil, segura y duradera.

Puede que en este momento te estés preguntando...

"Todo suena muy interesante, Carlos, pero ¿cómo se aplicará esto a mi situación específica?"

En el sistema económico actual, abundan las oportunidades en forma de patentes, reputación, propiedad intelectual, software, procedimientos y certificaciones, conocimientos especializados e incluso marcas personales. Es sorprendente la cantidad de intangibles no cuantificados y los productos financieros con beneficios fiscales que permanecen desconocidos para muchos profesionales como tú, quienes podrían sacarles un gran provecho y blindar su patrimonio de forma integral y estratégica.

Pero ¿cómo lo logramos?

Es simple. Lo hacemos a través de una metodología integral que combina tres tácticas esenciales: La primera consiste en capitalizar activos inmateriales que han estado ocultos, mientras que las otras dos se centran en capitalizar inversiones inteligentes.

Estas tácticas son aplicables tanto para personas físicas con actividad empresarial como para personas morales.

Táctica 1: Identificación, valoración y amortización de activos intangibles.

Táctica 2: Adquisición de un Plan Personal de Retiro deducible (PPR).

Táctica 3: Adquisición de planes de protección empresarial deducibles para personas clave del negocio.

Con esta estrategia, logramos no solo ahorrar entre un 30% y un 50% en impuestos, sino también ayudar a profesionistas y consultores independientes a conservar y proteger su patrimonio, e incluso a consolidar patrimonios millonarios para disfrutar durante el retiro.

Como ves, una vez que aprendes a identificar y capitalizar estratégicamente tus activos invisibles, y comprendes los productos financieros deducibles disponibles en el mercado, se abren numerosas oportunidades para prosperar gracias a esta habilidad.

"Escoja actuar, no descansar. Escoja la verdad, no la fantasía. Escoja sonreír, no fruncir el ceño. Escoja amar, no pelear. Escoja lo mejor de la vida, y escoja la oportunidad"

Jim Rohn

2.3.1 Caso de estudio y ejemplo práctico.

Veamos este ejemplo práctico de un médico para comprender cómo las tres tácticas de la fórmula integral pueden generar un ahorro significativo en impuestos y un crecimiento sustancial en las ganancias.

Supongamos que identificaste que uno de tus procedimientos terapéuticos es tu activo intangible más valioso y decides amortizarlo. ¿Estás siguiendo hasta aquí?

En el último año, tus ventas ascendieron a $16,900,000 pesos y obtuviste una utilidad antes de impuestos de $3,380,000 pesos. Tras pagar un 30% de impuestos, es decir $1,014,000 pesos, tu utilidad neta se redujo a $2,366,000 pesos.

Ahora, imagina que se realiza una valuación de tu procedimiento terapéutico y se determina que su valor es de $4,550,000 pesos. Esta valuación se documenta en un Dictamen Valuatorio avalado por un Corredor Público. Al incorporar esta valuación a tus estados financieros, generas un beneficio de amortización de hasta un 15%, es decir $682,500 pesos.

Con esta amortización, tu utilidad antes de impuestos se eleva a $2,698,000 pesos, lo que implica un pago de impuestos de $809,400 pesos.

Sin la amortización del procedimiento terapéutico, hubieras pagado $1,014,000 pesos en impuestos, pero gracias a la amortización, el monto se reduce a $809,400 pesos. Esto representa un ahorro del 19.8% en impuestos.

Además, decides adquirir un Plan Personal de Retiro (PPR) que te permite deducir $189,326 pesos cada año, lo que te ahorra $56,798 pesos en impuestos anualmente.

Con estas dos tácticas combinadas, logras deducir un total de $871,326 pesos ($682,000 + $189,326), generando un ahorro en impuestos de $261,398 pesos.

Si eres propietario de una clínica o laboratorio, contratas un seguro de vida empresarial deducible por una suma asegurada igual al valor del activo intangible, es decir, el procedimiento terapéutico. Con una prima anual de $160,000 pesos, logras ahorrar $48,000 pesos en impuestos.

Al sumar estas tres tácticas, obtienes un ahorro total de impuestos de $309,397 pesos. Este ahorro se mantendrá durante al menos seis años.

Al considerar la fórmula integral de las tres tácticas, observamos que, sin la amortización del intangible, se hubieran pagado $1,014,000 pesos en impuestos. Sin embargo, con la amortización del intangible y las deducciones del PPR y el seguro de vida empresarial, el monto total de impuestos pagados es de solo $704,603 pesos.

Fórmula integral de 3 tácticas

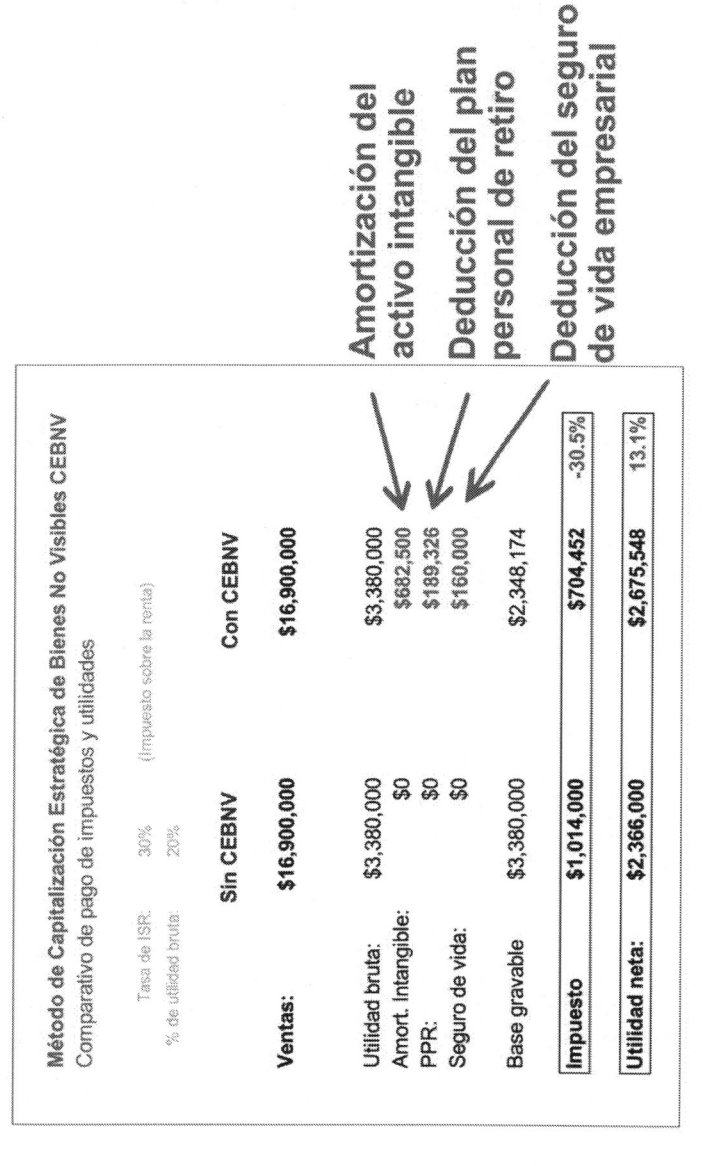

Método de Capitalización Estratégica de Bienes No Visibles CEBNV
Comparativo de pago de impuestos y utilidades

| Tasa de ISR: | 30% | (Impuesto sobre la renta) |
| % de utilidad bruta: | 20% | |

	Sin CEBNV	Con CEBNV
Ventas:	**$16,900,000**	**$16,900,000**
Utilidad bruta:	$3,380,000	$3,380,000
Amort. Intangible:	$0	$682,500
PPR:	$0	$189,326
Seguro de vida:	$0	$160,000
Base gravable	$3,380,000	$2,348,174
Impuesto	**$1,014,000**	**$704,452**	-30.5%
Utilidad neta:	**$2,366,000**	**$2,675,548**	13.1%

→ Amortización del activo intangible
→ Deducción del plan personal de retiro
→ Deducción del seguro de vida empresarial

Esto representa un ahorro del 30.5% en impuestos. Además, las ganancias netas aumentan en un 13.1%, pasando de $2,366,000 a $2,675,548 pesos.

Como puedes ver, al aplicar las tres tácticas de la fórmula integral, puedes ahorrar significativamente en impuestos y aumentar tus ganancias de manera notable.

¿Ves ahora por qué esta estrategia es tan accesible, a pesar de no ser tan conocida?

La combinación de la amortización de intangibles, los planes personales de retiro y los seguros de vida empresariales tiene varios beneficios:

Se complementan entre sí de manera armoniosa para maximizar sus ventajas:

- Son tácticas legales y altamente efectivas para conservar y proteger el patrimonio.

- Todas contribuyen a fomentar hábitos financieros saludables.

- Ayudan a reducir la carga impositiva y a aumentar las ganancias.

Lo mejor de todo es que son procedimientos sencillos y rápidos de implementar. No requieren un conocimiento financiero avanzado ni la contratación de un equipo completo de asesores y consultores. En menos de un mes, puedes tener tu estrategia completamente ejecutada y comenzar a disfrutar de los beneficios.

Imagina cómo te sentirías al saber que tu patrimonio está protegido de manera estratégica y que no necesitas preocuparte por conservarlo. ¿Te imaginas despertar cada día sabiendo que tu negocio sigue creciendo, incluso sin que tú tengas que intervenir directamente?

Piensa en la tranquilidad que experimentarías al dejar de preocuparte por recesiones, problemas geopolíticos, pandemias u otras amenazas. Es hora de tomar el control de tu futuro financiero y asegurar la estabilidad de tu patrimonio y tu negocio.

"Si quieres obtener mejores resultados que el resto, debes hacer las cosas diferente al resto."

John Templeton

2.4 Secretos para la consolidación patrimonial internacional

Ahora que hemos desvelado la clave para identificar, valorar y amortizar activos intangibles, que no solo permanecían ocultos, sino que también permiten reducir los impuestos del 30% al 50%, es momento de adentrarnos en el secreto para consolidar tu patrimonio diversificando tus activos internacionalmente y conservarlo sin estrategias riesgosas y a pesar de recesiones, problemas geopolíticos, pandemias u otras amenazas.

Según la banca privada de JP Morgan, mantener una fortuna es tan desafiante como conseguirla. Aunque puedas pensar que no tienes un gran patrimonio, los principios para crecer y conservar son los mismos, independientemente del tamaño. En el ámbito patrimonial, equilibrar el aumento, la conservación y la satisfacción personal es crucial. Las estrategias a menudo no perduran porque las prioridades cambian y la falta de autoconocimiento dificulta la ejecución correcta. Poner todos los huevos en la misma canasta nunca ha sido aconsejable.

JP Morgan aboga por la diversificación de los activos. Mi experiencia confirma que la diversificación internacional y el aprovechamiento de los fideicomisos de inversión es la mejor forma para construir patrimonio a mediano y largo plazo y blindar nuestros activos. De esta forma se navega con éxito en medio de recesiones, problemas geopolíticos, pandemias u otras amenazas.

Pero ¿cómo se consigue eso? Es fácil, reinvirtiendo los ahorros que se generaron optimizando el pago de impuestos, los planes de retiro y los seguros de vida empresarial.

Los Fideicomisos de Inversión Internacional ofrecen varios beneficios significativos para aquellos que buscan diversificar y proteger su patrimonio:

- Permiten acceder a oportunidades de inversión global, lo que ayuda a mitigar riesgos asociados con la volatilidad de mercados específicos.

- Al ser instrumentos gestionados por profesionales, proporcionan una gestión experta que puede optimizar rendimientos.

- La diversificación geográfica inherente a estos fideicomisos reduce la exposición a eventos económicos locales adversos.

- Suelen contar con estructuras fiscalmente eficientes, lo que puede resultar en beneficios impositivos para los inversionistas.

Y lo mejor es que también es muy simple y rápido.

Habiendo generado los ahorros en tus impuestos, ¡lo único que haces es invertirlos estratégica e inteligentemente!

¡Y podrás seguir haciéndolo año con año! ¿Cierto?

No necesitas ser un experto en finanzas o en inversiones. ¿Estás de acuerdo?

Ni necesitas tener un equipo de consultores,

¡Solamente se requiere que te familiarices con los fideicomisos de inversión internacional!

En unos días estarás capitalizando tus ahorros para conservar y multiplicar tu patrimonio,

Pero, sobre todo, para mejorar significativamente tu toma de decisiones como experto financiero de clase mundial. ¿Qué te parece?

Para aquellos que buscan una estrategia integral para el crecimiento y conservación del patrimonio capitalizando los ahorros producto de su optimización fiscal, los Fideicomisos de Inversión Internacional representan una opción atractiva y efectiva, pero sobre todo segura.

Como el caso del Ing. Manuel Pastrana, que en 2023 construyó una oferta comercial para duplicar sus ventas en su compañía constructora y, la tercera parte de sus utilidades las está acumulando en un portafolio de inversión específicamente para su retiro.

Y muchos casos más...

Porque imagínate con medio millón de dólares extra para tu retiro. ¿Qué harías con ese dinero?

¿Crees que alcanzarás esas ambiciosas metas si continúas haciendo lo mismo en lugar de probar cosas diferentes, pero ahora, con las herramientas adecuadas?

Imagínate teniendo perfectamente claro en dónde estás parado y lo que quieres conseguir en 15 o 20 años. Teniendo absoluta certeza de que lo vas a conseguir navegando exitosamente en medio de recesiones, problemas geopolíticos, pandemias u otras amenazas. ¿No es así?

Además, con un plan para generar un retiro con más de medio millón de dólares extra disponible para hacer lo que tú quieras y, mejor aún, la libertad para seguir haciendo lo que más te gusta, habiendo despertado en ti, la conciencia del valor que reside en lo intangible, en lo sutil pero esencial de tu ADN y que tiene el poder de comunicar efectivamente quién eres y lo que vales.

"Invertir con éxito se trata de gestionar riesgo, no de evitarlo"

Benjamín Graham

2.4.1 Ejemplo práctico

Recapitulando lo que vimos en el ejemplo práctico dentro de la fórmula integral de tres tácticas:

a) Identificamos juntos los intangibles, ya sea del médico o los de su clínica o laboratorio.

b) Los valuamos,

c) Y amortizamos

d) Elegimos y contratamos un plan personal de retiro PPR.

e) Deducimos también ese plan, tratándolo como gasto.

f) Y para las personas morales hacemos lo mismo, eligiendo un par de seguros de vida empresariales para las personas clave de la clínica o laboratorio con una suma asegurada por un importe igual al de la valuación del intangible.

Ahora, considera invertir los $309,397 pesos que tuviste de ahorro en impuestos por amortizar tus intangibles, y deducir tu plan personal de retiro y los seguros de vida empresariales, en un fideicomiso de inversión internacional a una tasa del 7% anual en dólares.

Al cabo de 20 años habrás acumulado $1,197,268 pesos, lo que equivale a $70,427 dólares americanos.

Repitiendo esto, siendo conservadores, solo 8 veces, estarías acumulando $563,416 dólares.

Así es como trabaja el interés compuesto y es así también como se construyen los grandes patrimonios, utilizando tácticas integrales y, sobre todo, legales.

Capítulo 3: La implementación

"Cuéntame y olvido. Enséñame y recuerdo. Involúcrame y aprendo"

Benjamin Franklin

3.1 Inmersión a la incubadora financiera

Ya que hemos explorado los pasos para capitalizar estratégicamente tus bienes no visibles y reducir tus impuestos hasta en un 50%, así como proteger integralmente tu patrimonio, es momento de sumergirnos en la incubadora financiera.

El primer paso clave es identificar, valorar y amortizar tus activos intangibles que han permanecido ocultos hasta ahora.

El segundo paso implica aplicar la fórmula integral de tres tácticas para la monetización, conservación y protección estratégica del patrimonio, de manera fácil, segura y duradera.

El tercero y último paso revela el secreto para consolidar tu patrimonio, diversificando tus activos internacionalmente y manteniéndolos seguros ante recesiones, problemas geopolíticos, pandemias y otras amenazas.

Ahora, permíteme hacerte una pregunta: en una escala del 1 al 10, ¿qué tan posible crees que es para ti ahorrar entre un 30% y un 50% en impuestos y aumentar significativamente tus ganancias? Exacto, muy posible, ¿verdad?

Sin embargo, es comprensible que puedas tener algunas dudas en este momento, como por dónde empezar, cómo identificar tus activos intangibles, quién te ayudará financiera y fiscalmente, y dónde encontrar toda la información necesaria.

Si deseas que te guiemos paso a paso para identificar tus principales intangibles, valorarlos, incorporarlos a tus estados financieros, amortizarlos, elegir el mejor plan personal de retiro, proteger tu empresa de la pérdida de las personas clave y seleccionar las mejores inversiones en fideicomisos internacionales, estás en el lugar correcto.

En nuestro capítulo, te mostraremos exactamente cómo ayudamos a nuestros clientes, qué hacemos y cuáles son las tácticas adecuadas para escalar tu negocio. Te explicaremos detalladamente el proceso para garantizar tus resultados.

Nuestra incubadora financiera se especializa en un tipo específico de persona: profesionales o consultores independientes que facturan más de 3 millones de pesos anuales y que están comprometidos con su crecimiento financiero y profesional. Si cumples con estos requisitos y deseas convertir tu negocio en uno de alto impacto para ahorrar impuestos, aumentar tus ganancias, generar un plan de retiro sólido y disfrutar de la libertad financiera, estamos aquí para ayudarte.

En los próximos apartados, vamos a explorar el contenido de las 8 sesiones de mentoría de nuestra incubadora financiera con expertos referentes del mercado, diseñadas para que puedas implementar tu estrategia de manera simple y ordenada.

Cada sesión de mentoría tiene una duración de entre 60 y 90 minutos y se lleva a cabo a través de la plataforma Zoom. Estas sesiones son consecutivas y en cada una de ellas se obtiene la información y las conclusiones necesarias para avanzar en el proceso.

A continuación, te presento el nombre de cada una de las sesiones:

1. Sesión de diagnóstico patrimonial

2. Sesión de materialidad ontológica

3. Sesión de valuación

4. Sesión de dictamen y amortización

5. Sesión de materialidad financiera

6. Sesión de materialidad comercial

7. Sesión de capitalización

8. Sesión de consolidación estratégica

Sin embargo, antes de profundizar en la descripción detallada de cada sesión de mentoría, quiero compartir contigo otro secreto crucial. Todas las tácticas financieras y fiscales deben tener elementos de materialidad para que las autoridades hacendarias las comprendan y las aprueben. Esto se logra mediante la documentación o soporte que respalde los hechos o actos jurídicos, y que esté basada en criterios técnicos y profesionales.

De acuerdo con mi experiencia profesional y a lo que hemos implementado con todos nuestros clientes, recomendamos enfáticamente que los tres elementos de materialidad para identificar, valorar, dictaminar y amortizar activos intangibles en la práctica de profesionistas y consultores independientes sean los siguientes:

- Estudios psicométricos para brindar materialidad ontológica.

- Seguros de vida para brindar materialidad financiera.

- Estudio de salud de marca para brindar materialidad comercial.

Estos elementos aseguran que tu estrategia esté respaldada por una base sólida y profesional, facilitando su comprensión y aprobación por parte de las autoridades fiscales. Ahora, profundicemos en cada una de las sesiones de mentoría para comprender cómo se aplican estos conceptos en la práctica.

"El que no sabe lo que busca no entiende lo que encuentra"

Claude Bernard

3.2 Mentoría 1: Diagnóstico patrimonial

Perfecto, comencemos con la primera sesión de mentoría: Diagnóstico Patrimonial.

En esta sesión, adoptaremos una perspectiva empresarial para analizar detalladamente el valor real y exacto de tu patrimonio empresarial. Utilizaremos una radiografía empresarial para identificar el valor de tu negocio, partiendo de su valor contable y aplicando dos métodos clave: el método de descuento de flujo de caja (ver anexo 1) y el método de múltiplos de EBITDA (ver anexo 2).

El método de descuento de flujo de caja nos permitirá evaluar el valor futuro de tu negocio, considerando los flujos de efectivo esperados y descontándolos a una tasa adecuada para reflejar el riesgo y el tiempo. Por otro lado, el método de múltiplos de EBITDA nos permitirá comparar el valor de tu negocio con empresas similares en el mercado, utilizando un múltiplo del EBITDA (ganancias antes de intereses, impuestos, depreciación y amortización) como referencia.

Esta evaluación exhaustiva del valor de tu negocio será fundamental para calcular eficazmente el valor del activo intangible que identificarás y seleccionarás más adelante. Al comprender el valor real de tu negocio, podrás tomar decisiones informadas y estratégicas para maximizar tu patrimonio empresarial.

Durante esta sesión, trabajaremos juntos para analizar cada aspecto de tu negocio y determinar su verdadero valor en el mercado. Estaré aquí para guiarte en cada paso del proceso y asegurarme de que obtengas una imagen clara y precisa de tu situación patrimonial empresarial.

En esta mentoría realizamos el siguiente assessment para poder evaluar el valor de tu negocio o empresa y elaborar tu radiografía empresarial.

Assessment para evaluar el valor de tu negocio o empresa

A continuación, encontrarás una serie de preguntas diseñadas para ayudarte a reconocer el valor actual de tu negocio o empresa. Te recomendamos responder con la mayor precisión posible para obtener una evaluación más precisa:

1. Nombre del negocio o empresa:

2. Sector de actividad:

3. Fecha de Inicio de operaciones o constitución:

4. Número de Colaboradores:

5. Principales Riesgos del Negocio:

- Enumera los principales riesgos a los que se enfrenta tu negocio y determina la probabilidad de ocurrencia e impacto de cada uno en una escala del 1 al 5 (siendo 1 poco probable y de bajo impacto y 5 muy probable y de alto impacto).

Riesgo:	Probabilidad:	Impacto:

6. Principales Socios y Porcentaje de Participación:

- Identifica a los principales socios de tu negocio y su participación en la empresa.

Principales socios:	Sexo:	Edad:	¿Fuma?	Acciones %

7. Avances en tu Meta más Importante:

- Califica del 0 al 100% los siguientes aspectos relacionados con la meta más importante de tu negocio:

Visión compartida de la meta	
Capacidades propias y del equipo de trabajo	
Incentivos propios y para el equipo de trabajo	
Recursos para conseguir la meta (equipo, tecnología, herramientas, etc.)	
Plan de acción detallado y por escrito para conseguir la meta.	

8. Componentes patrimoniales del negocio:

Prioriza los siguientes reactivos en orden de importancia del 1 al 7, donde 1 es el más importante y 7 es el menos importante:

Componentes patrimoniales del negocio	Prioridad del 1 al 7
Capitalizar ahorros	
Inversiones y diversificación	
Crédito y financiamiento	
Previsión de riesgos	
Talento y aprendizaje	
Sucesión empresarial	
Responsabilidad social	

9. Ventas totales de los últimos tres años y crecimiento en ventas para los próximos 5 años:

	Tres años antes	Dos años antes	Año anterior	Este año	Crecimiento esperado (%)
Ventas					
Costo de ventas					
Gastos operativos					
Utilidad operativa					
Int., dep. y amort.					
Impuestos					
Utilidad neta					

10. Valor actual del activo, pasivo y capital de tu balance:

Activo:	
Efectivo cajas y bancos	
Cuentas por cobrar	
Acciones y bonos	
Bienes raíces	
Otros activos:	
Total activo:	

Pasivo:	
Documentos por pagar	
Cuentas por pagar	
Impuestos pendientes	
Préstamos corto plazo	
Préstamos hipotecarios	
Otros pasivos:	
Total pasivo:	
Total capital:	

Una vez que hayas completado este assessment, podrás tener una mejor comprensión del valor actual de tu negocio o empresa y los aspectos que pueden influir en su crecimiento y desarrollo futuro. Obtendremos la siguiente radiografía que te ayudará a comprender los factores que me inciden en los resultados de tu negocio y en el que vas a identificar tres distintas valoraciones de tu negocio:

1. Valor contable.

2. Valor por el método de flujos descontados.

3. Valor por el método de múltiplos de EBITDA.

Con esta información determinaremos el valor de los activos intangibles de tu negocio que descubriremos en la siguiente sesión de mentoría.

Capítulo 3: La implementación

RADIOGRAFÍA PATRIMONIAL empresarial

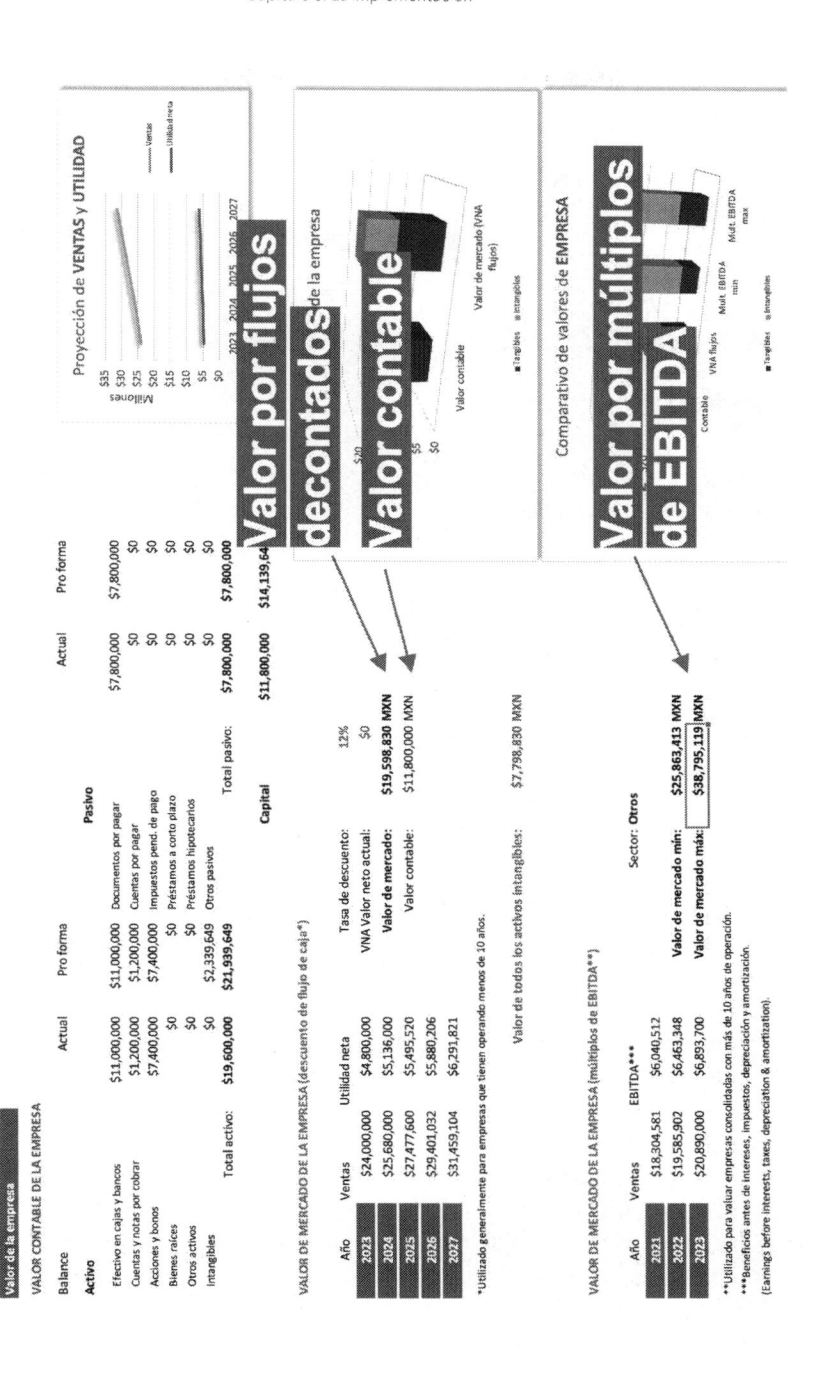

Valor de la empresa

VALOR CONTABLE DE LA EMPRESA

Balance	Actual	Pro forma	Pasivo	Actual	Pro forma
Activo					
Efectivo en cajas y bancos	$11,000,000	$11,000,000	Documentos por pagar	$7,800,000	$7,800,000
Cuentas y notas por cobrar	$1,200,000	$1,200,000	Cuentas por pagar	$0	$0
Acciones y bonos	$7,400,000	$7,400,000	Impuestos pend. de pago	$0	$0
Bienes raíces	$0	$0	Préstamos a corto plazo	$0	$0
Otros activos	$0	$0	Préstamos hipotecarios	$0	$0
Intangibles	$0	$2,339,649	Otros pasivos	$0	$0
Total activo:	**$19,600,000**	**$21,939,649**	**Total pasivo:**	**$7,800,000**	**$7,800,000**
			Capital	**$11,800,000**	**$14,139,649**

VALOR DE MERCADO DE LA EMPRESA (descuento de flujo de caja*)

Año	Ventas	Utilidad neta		
2023	$24,000,000	$4,800,000	Tasa de descuento:	12%
2024	$25,680,000	$5,136,000	VNA Valor neto actual:	$0
2025	$27,477,600	$5,495,520	**Valor de mercado:**	**$19,598,830 MXN**
2026	$29,401,032	$5,880,206	Valor contable:	$11,800,000 MXN
2027	$31,459,104	$6,291,821		

*Utilizado generalmente para empresas que tienen operando menos de 10 años.

Valor de todos los activos intangibles: $7,798,830 MXN

VALOR DE MERCADO DE LA EMPRESA (múltiplos de EBITDA)**

Sector: **Otros**

Año	Ventas	EBITDA***		
2021	$18,304,581	$6,040,512		
2022	$19,585,902	$6,463,348	**Valor de mercado mín:**	**$25,863,413 MXN**
2023	$20,890,000	$6,893,700	**Valor de mercado máx:**	**$38,795,119 MXN**

**Utilizado para valuar empresas consolidadas con más de 10 años de operación.
***Beneficios antes de intereses, impuestos, depreciación y amortización.
(Earnings before interests, taxes, depreciation & amortization).

Proyección de **VENTAS** y **UTILIDAD**
— Ventas
— Utilidad neta

Valor por flujos descontados de la empresa

Valor contable

Valor por múltiplos de EBITDA

Comparativo de valores de EMPRESA
(VNA flujos, Contable, Mult. EBITDA min, Mult. EBITDA max)
■ Tangibles ■ Intangibles

95

"Lo que te frena no es lo que eres, sino lo que crees que no eres"

Anónimo

3.3 Mentoría 2: Materialidad ontológica

La segunda sesión de mentoría es crucial: se trata de la Materialidad Ontológica.

En esta sesión, vamos a explorar los activos ocultos que pueden ser utilizados para valorar, dictaminar y amortizar. La denominamos "materialidad ontológica" porque se relaciona con quién eres y cuál es tu valor intrínseco, lo cual influye directamente en los excelentes resultados que estás disfrutando actualmente.

¿Sabías que tus acciones y logros son el resultado directo de quién eres como individuo?

Tu personalidad, creencias y valores son el motor que impulsa tus pensamientos, emociones y decisiones. Estas decisiones, a su vez, determinan tus resultados, tanto en el ámbito material como en el esencial. Si deseas cambiar tus resultados, debes buscar la causa raíz y no simplemente actuar sobre los efectos superficiales.

Por ello, para documentar la materialidad ontológica, utilizamos estudios de psicometría basados en diversas disciplinas del desarrollo humano. Estos estudios no juzgan si los resultados son positivos o negativos; más bien, reflejan tu estilo de personalidad y comportamiento. Esto no solo explica tus logros profesionales y económicos, sino que también ayuda a identificar bienes no visibles.

Dependiendo del tipo de tu profesión o del tipo de consultoría que realizas, elegimos el estudio de psicometría con el que documentaremos la materialidad ontológica del primer activo intangible que dictaminaremos y valuaremos.

Ahora vamos a descubrir cuáles son tus principales bienes no visibles.

Como podemos observar en la siguiente gráfica, existe un vasto potencial de activos ocultos aún por descubrir, cuantificar y aprovechar:

Los sectores más intangibles

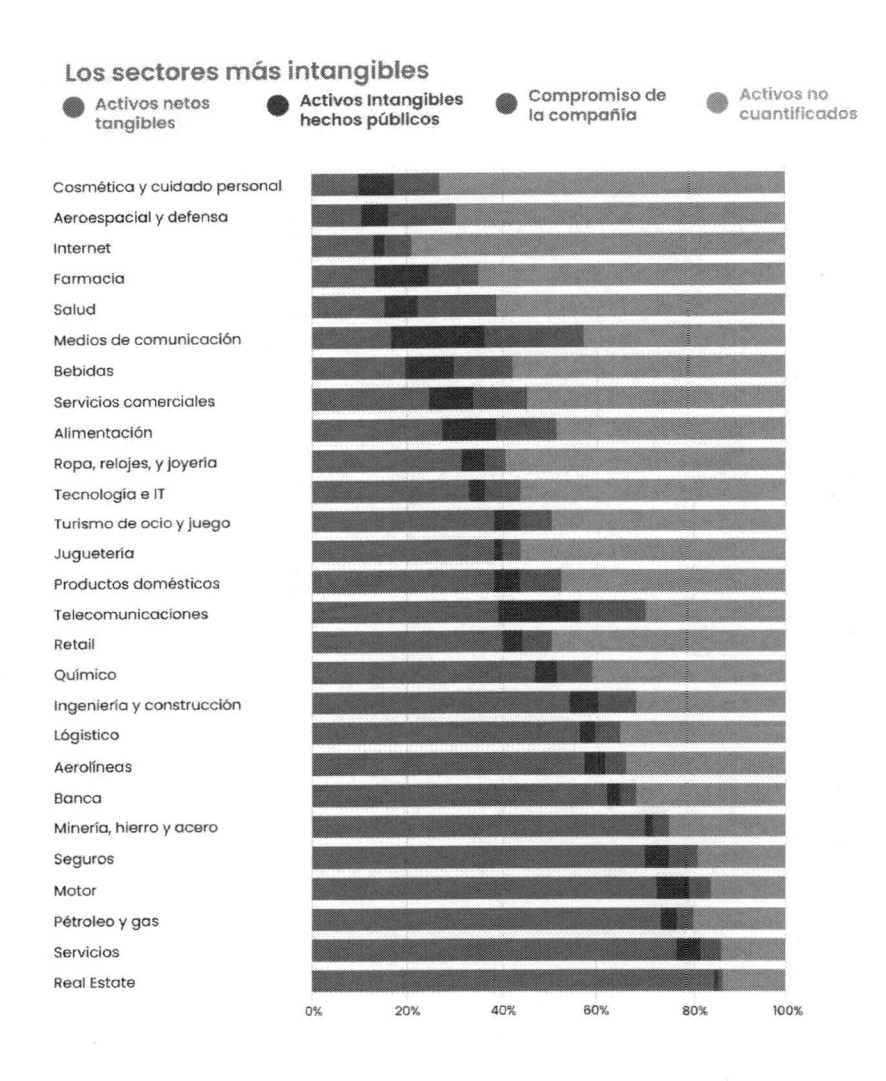

- Activos netos tangibles
- Activos Intangibles hechos públicos
- Compromiso de la compañía
- Activos no cuantificados

Cosmética y cuidado personal
Aeroespacial y defensa
Internet
Farmacia
Salud
Medios de comunicación
Bebidas
Servicios comerciales
Alimentación
Ropa, relojes, y joyería
Tecnología e IT
Turismo de ocio y juego
Juguetería
Productos domésticos
Telecomunicaciones
Retail
Químico
Ingeniería y construcción
Lógistico
Aerolíneas
Banca
Minería, hierro y acero
Seguros
Motor
Pétroleo y gas
Servicios
Real Estate

Las industrias de cosmética, aeroespacial, farmacia, salud e internet ocupan los primeros lugares. Imagina el potencial que posee tu práctica profesional.

El siguiente assessment nos va a ayudar a descubrir juntos cuál o cuáles activos intangibles puedes capitalizar.

Assessment para identificación y utilización de activos intangibles en el sector médico

Sección 1: Identificación de activos intangibles

- Reputación y marca personal:

¿Cómo perciben los clientes tu negocio o servicios?

¿Tiene presencia activa en redes sociales y reputación digital?

- Know-How y experiencia:

¿Cuál es el conocimiento especializado que distingue a tu negocio?

¿Existen procedimientos únicos o innovadores que hayan desarrollado?

- Propiedad intelectual:

¿Han desarrollado o registrado algún método, técnica o software único?

¿Utilizan patentes o derechos de autor para proteger innovaciones?

- Tecnología y equipamiento:

¿Qué tecnologías avanzadas emplean que se distiga de su competencia?

¿Han invertido en equipos de última generación?

- Relaciones con clientes:

¿Cómo gestionan y mejoran las relaciones con sus cientes?

¿Hay programas de fidelización o feedback constante?

Sección 2: Evaluación de activos intangibles

- Valoración de reputación:

¿Reciben comentarios positivos en plataformas en línea?

¿Cómo se compara su reputación con otros negocios en la región?

- Medición del Know-How:

¿Cómo evalúan sus clientes la efectividad de sus procesos?

¿Existen resultados o testimonios que respalden su experiencia?

- Análisis de propiedad intelectual:

¿Han registrado o solicitado registros para sus innovaciones?

¿Cómo protegen sus derechos de propiedad intelectual?

- Gestión tecnológica:

¿Cómo evalúan el impacto de su tecnología en la eficiencia y calidad?

¿Han comparado sus equipos con estándares de la industria?

- Feedback de clientes:

¿Realizan encuestas de satisfacción?

¿Cómo han implementado cambios basados en la retroalimentación?

Sección 3: Selección y amortización de activos intangibles

- Priorización de activos:

Alta Prioridad: Activos que tienen un impacto significativo.

Prioridad Media: Activos con potencial de crecimiento.

Baja Prioridad: Activos que pueden necesitar mejoras.

- Decisión de utilización:

¿Cómo planean utilizar los activos priorizados?

¿Están alineados con los objetivos de su negocio y las necesidades de los clientes?

- Estrategia de amortización:

¿Cuál es la vida útil estimada de los activos intangibles seleccionados?

¿Cómo planean integrar la amortización en la estrategia financiera?

Aprovecha esta sesión de mentoría para descubrir dónde se encuentran tus principales oportunidades: ya sea en tu marca personal o comercial, en tu conocimiento especializado, en tus diplomas y certificaciones, en tu propiedad intelectual, en tus patentes, en tu tecnología, en tu cartera de clientes o en tu reputación.

Una vez identificados los principales bienes no visibles procederemos a realizar la primera valuación en la siguiente sesión de mentoría.

"La innovación constante es la única forma de mantenerse competitivo, porque ninguna ventaja es sostenible en el largo plazo"

Jorge González Moore

3.4 Mentoría 3: Valuación de activos intangibles

Después de la mentoría de materialidad ontológica, llega el momento de la mentoría de valuación. En la actualidad, más del 50% del valor de todos los negocios y empresas en el mundo proviene de activos intangibles, y tu negocio no es la excepción.

ACTIVOS INTANGIBLES

Representan el 52% del valor de los negocios en la actividad

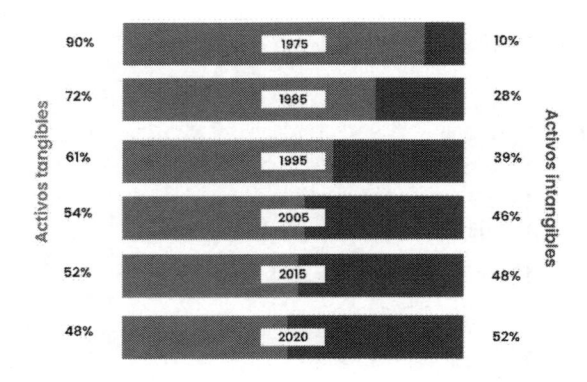

Activos tangibles	Año	Activos intangibles
90%	1975	10%
72%	1985	28%
61%	1995	39%
54%	2005	46%
52%	2015	48%
48%	2020	52%

Partiendo del valor de tu negocio que determinamos en la sesión de diagnóstico y considerando el activo intangible que seleccionaste para valuar, dictaminar y amortizar, procederemos a realizar una preevaluación de este activo. Pero no solo nos limitaremos a ese activo; también evaluaremos otros intangibles que podrías utilizar en el futuro.

El valor del intangible que determinemos será multiplicado por el 15%, y esta cifra será la que podrás utilizar para reducir legal y estratégicamente tu utilidad bruta, tal como se explicó en el capítulo 2.3.1.

AHORRA IMPUESTOS VALORÁNDOTE

RADIOGRAFÍA PATRIMONIAL empresarial

Valor de la empresa

VALOR CONTABLE DE LA EMPRESA

Balance						
Activo	Actual	Pro forma	**Pasivo**	Actual	Pro forma
Efectivo en cajas y bancos	$11,000,000	$11,000,000	Documentos por pagar	$7,800,000	$7,800,000
Cuentas y notas por cobrar	$1,200,000	$1,200,000	Cuentas por pagar	$0	$0
Acciones y bonos	$7,400,000	$7,400,000	Impuestos pend. de pago	$0	$0
Bienes raíces	$0	$0	Préstamos a corto plazo	$0	$0
Otros activos	$0	$0	Préstamos hipotecarios	$0	$0
Intangibles	$0	$2,339,649	Otros pasivos	$0	$0
			Total pasivo:	$7,800,000	$7,800,000
Total activo:	$19,600,000	$21,939,649	Capital	$11,800,000	$14,139,649

VALOR DE MERCADO DE LA EMPRESA (descuento de flujo de caja*)

Año	Utilidad neta		
2023	$4,800,000	Tasa de descuento:	12%
2024	$5,136,000	VNA Valor neto actual:	$0
2025	$5,495,520	Valor de mercado:	$19,598,830 MXN
2026	$5,880,206	Valor contable:	$11,800,000 MXN
2027	$6,291,821		

*Utilizado generalmente para empresas que tienen operando menos de 10 años.

Valor de todos los activos intangibles: $7,798,830 MXN

VALOR DE MERCADO DE LA EMPRESA (múltiplos de EBITDA**)   Sector: Otros

Año	Ventas	EBITDA***		
2021	$18,304,581	$6,040,512		
2022	$19,585,902	$6,463,348	Valor de mercado mín:	$25,863,413 MXN
2023	$20,890,000	$6,893,700	Valor de mercado máx:	$38,795,119 MXN

**Utilizado para valuar empresas consolidadas con más de 10 años de operación.
***Beneficios antes de intereses, impuestos, depreciación y amortización.
(Earnings before interests, taxes, depreciation & amortization).

Proyección de **VENTAS** y **UTILIDAD**

Valores ACTUALES de la empresa

Valor de tu negocio
Pre-valuación

Comparativo de valores de **EMPRESA**

3.5 Mentoría 4: Dictamen y amortización

La siguiente mentoría es con el asesor fiscalista y la hemos denominado la mentoría de dictamen y amortización. En esta sesión, junto con los mentores fiscalistas, se verificará el valor del activo intangible mediante el estudio detallado de varios documentos:

- Constancia de situación fiscal

- Acta constitutiva

- Declaraciones anuales de los últimos 2 años

- Estados de resultados también de los últimos 2 años

AHORRA IMPUESTOS VALORÁNDOTE

RADIOGRAFÍA PATRIMONIAL empresarial

Valor de la empresa

VALOR CONTABLE DE LA EMPRESA

Balance						
Activo	Actual	Pro forma	**Pasivo**		Actual	Pro forma
Efectivo en cajas y bancos	$11,000,000	$11,000,000	Documentos por pagar		$7,800,000	$7,800,000
Cuentas y notas por cobrar	$1,200,000	$1,200,000	Cuentas por pagar		$0	$0
Acciones y bonos	$7,400,000	$7,400,000	Impuestos pend. de pago		$0	$0
Bienes raíces	$0	$0	Préstamos a corto plazo		$0	$0
Otros activos	$0	$2,339,649	Préstamos hipotecarios		$0	$0
Intangibles	$0	$0	Otros pasivos		$0	$0
			Total pasivo:		$7,800,000	$7,800,000
Total activo:	$19,600,000	$21,939,649		Capital	$11,800,000	$14,139,649

VALOR DE MERCADO DE LA EMPRESA (descuento de flujo de caja*)

Año	Ventas	Utilidad neta			
2023	$24,000,000	$4,800,000	Tasa de descuento:		12%
2024	$25,680,000	$5,136,000	VNA Valor neto actual:		$0
2025	$27,477,600	$5,495,520	Valor de mercado:		$19,598,830 MXN
2026	$29,401,032	$5,880,206	Valor contable:		$11,800,000 MXN
2027	$31,459,104	$6,291,821			

*Utilizado generalmente para empresas que tienen operando menos de 10 años.

Valor de todos los activos intangibles: $7,798,830 MXN

VALOR DE MERCADO DE LA EMPRESA (múltiplos de EBITDA**)

Sector: Otros

Año	Ventas	EBITDA***		
2021	$18,304,581	$6,040,512	Valor de mercado mín:	$25,863,413 MXN
2022	$19,585,902	$6,463,348	Valor de mercado máx:	$38,795,119 MXN
2023	$20,890,000	$6,893,700		

**Utilizado para valuar empresas consolidadas con más de 10 años de operación.
***Beneficios antes de intereses, impuestos, depreciación y amortización.
(Earnings before interests, taxes, depreciation & amortization).

Proyección de VENTAS y UTILIDAD

Valores ACTUALES de la empresa

Valor del activo intangible

Comparativo de valores de EMPRESA

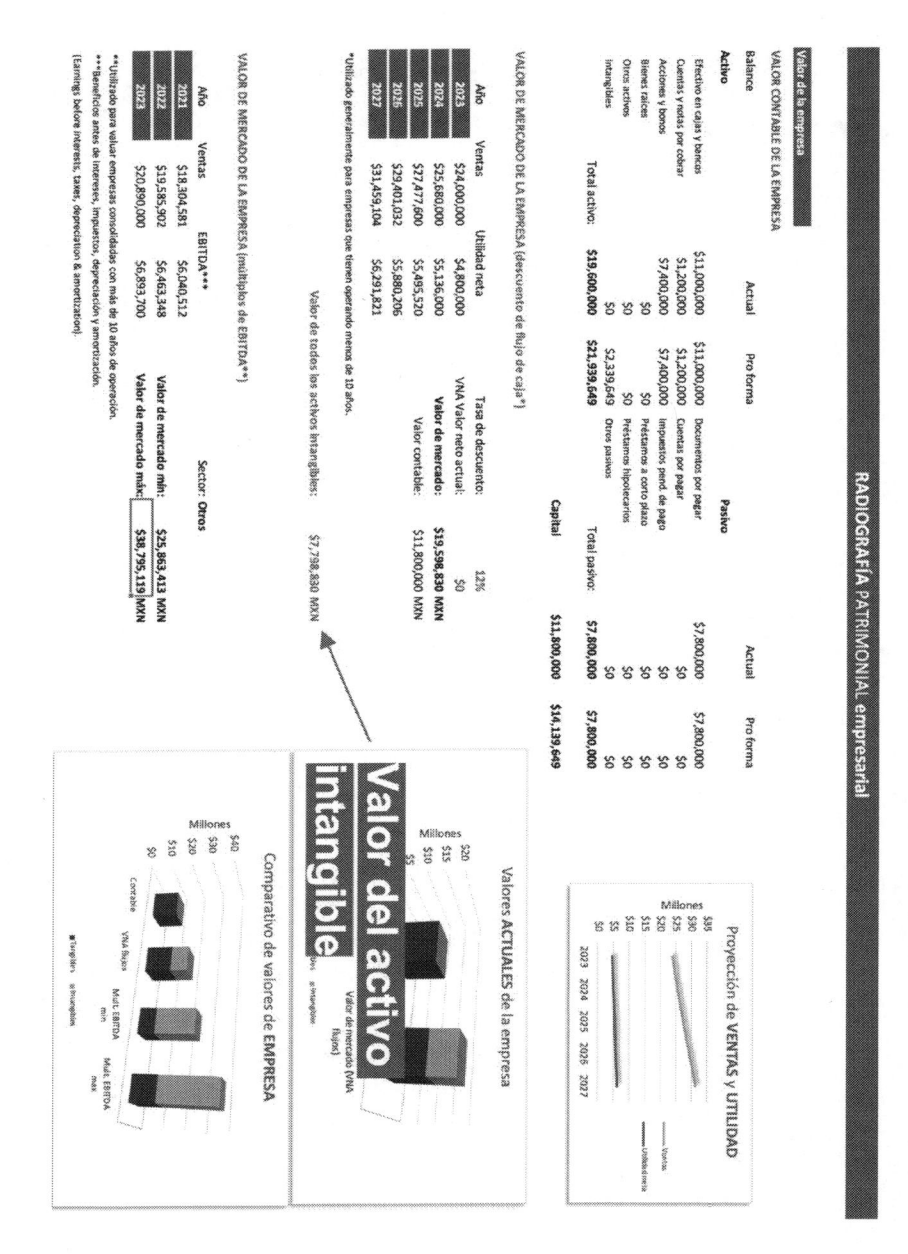

Por lo tanto, es crucial que estos documentos se hayan enviado a tiempo para asegurar que la sesión de mentoría pueda llevarse a cabo sin retrasos y así no obstaculizar el resto del proceso.

En esta sesión también se explicará detalladamente la forma en que se documentará el Dictamen Valuatorio, el cual estará avalado por un Corredor Público. Este documento será fundamental, ya que certificará el valor del activo intangible identificado.

Por último, en esta mentoría se te enseñará cómo el activo intangible identificado, valuado y dictaminado se integrará a tu patrimonio personal y/o empresarial para amortizar su valor cada año.

Recordando la fórmula integral de las 3 tácticas que vimos en el capítulo 2.3, es en esta mentoría donde se determinará el monto máximo que podrás amortizar a lo largo de poco más de 6 años para deducir y así disminuir la utilidad bruta.

Fórmula integral de 3 tácticas

Método de Capitalización Estratégica de Bienes No Visibles CEBNV
Comparativo de pago de impuestos y utilidades

Tasa de ISR: 30% (impuesto sobre la renta)
% de utilidad bruta: 20%

	Sin CEBNV	Con CEBNV	
Ventas:	$16,900,000	$16,900,000	
Utilidad bruta:	$3,380,000	$3,380,000	
Amort. Intangible:	$0	$682,500	
PPR:	$0	$189,326	
Seguro de vida:	$0	$160,000	
Base gravable	$3,380,000	$2,348,174	
Impuesto	$1,014,000	$704,452	-30.5%
Utilidad neta:	$2,366,000	$2,675,548	13.1%

← Amortización del activo intangible
← Deducción del plan personal de retiro
← Deducción del seguro de vida empresarial

Tendrás completa claridad sobre todos los pasos que deben concretarse para completar la valuación, el dictamen y la amortización. Además, puedes tener la certeza de que tu activo intangible cumplirá con los fundamentos legales y normativos tanto a nivel nacional como internacional.

Si el intangible que se eligió es tu marca, este es el proceso que vamos a seguir:

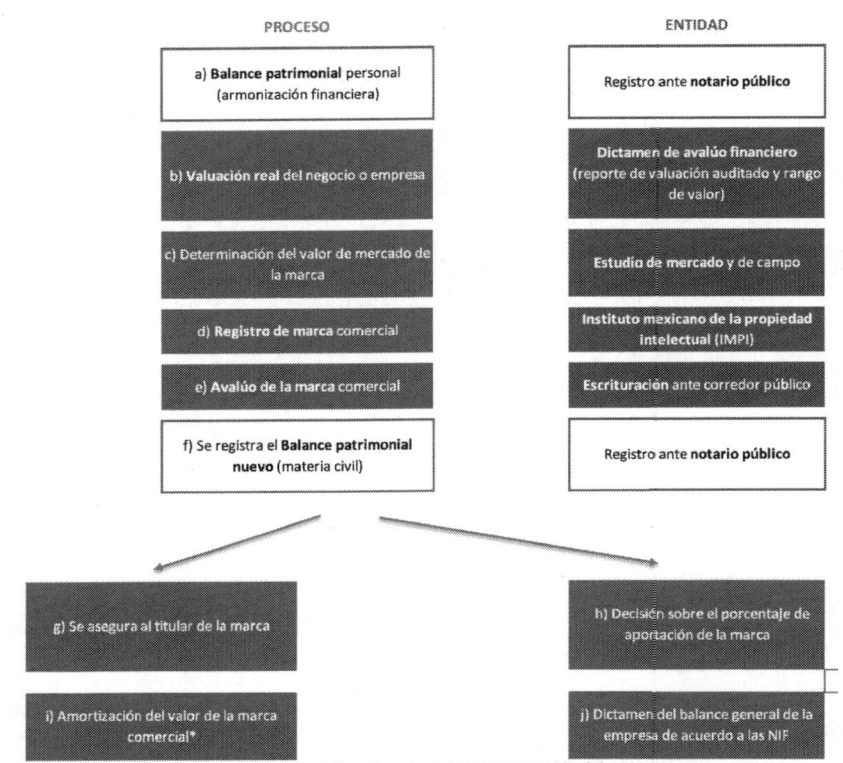

PROCESO	ENTIDAD
a) **Balance patrimonial** personal (armonización financiera)	Registro ante **notario público**
b) **Valuación real** del negocio o empresa	Dictamen de avalúo financiero (reporte de valuación auditado y rango de valor)
c) Determinación del valor de mercado de la marca	Estudio de mercado y de campo
d) **Registro de marca** comercial	Instituto mexicano de la propiedad intelectual (IMPI)
e) **Avalúo de la marca** comercial	Escrituración ante corredor público
f) Se registra el **Balance patrimonial nuevo** (materia civil)	Registro ante **notario público**
g) Se asegura al titular de la marca	h) Decisión sobre el porcentaje de aportación de la marca
i) Amortización del valor de la marca comercial*	j) Dictamen del balance general de la empresa de acuerdo a las NIF

*Dependiendo de la estrategia financiera y fiscal recomendada por los asesores financieros y contables de la empresa.

Si el activo intangible que se eligió, tuviera más que ver con tu "saber hacer las cosas" o "know-how", el proceso que se seguirá será este:

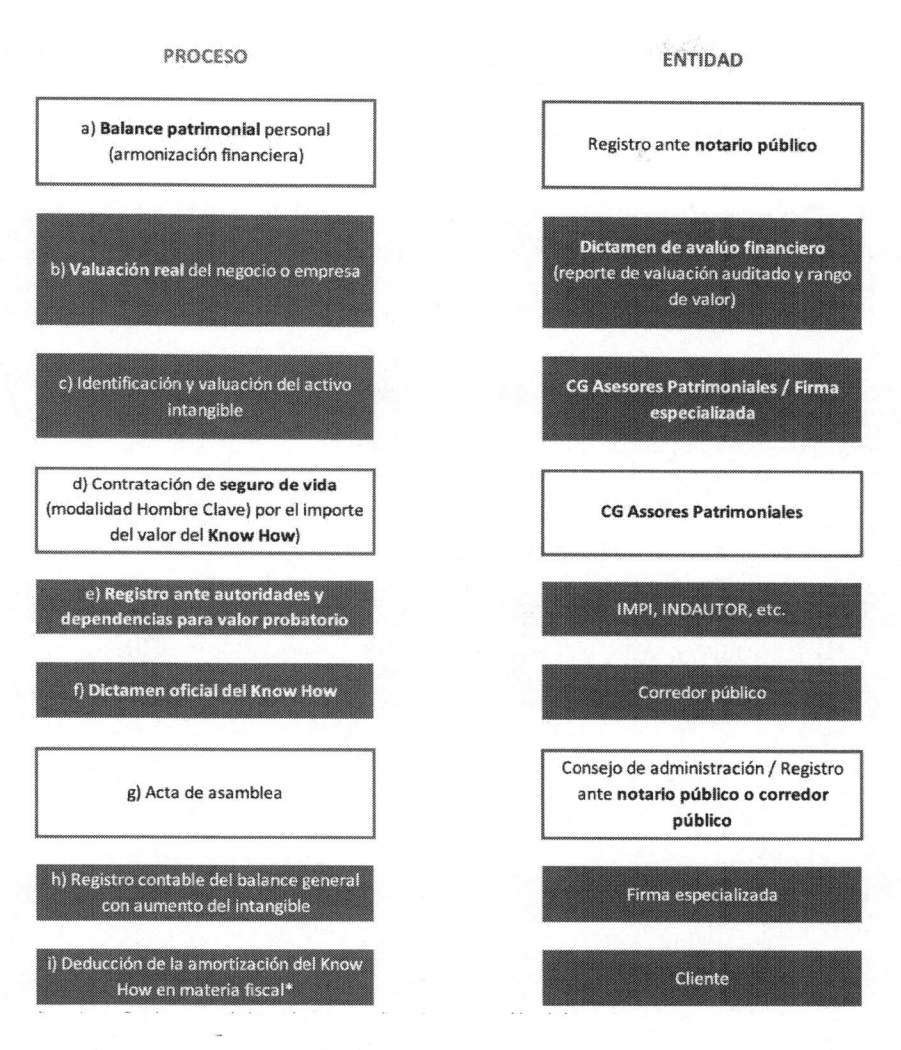

PROCESO	ENTIDAD
a) **Balance patrimonial** personal (armonización financiera)	Registro ante **notario público**
b) **Valuación real** del negocio o empresa	**Dictamen de avalúo financiero** (reporte de valuación auditado y rango de valor)
c) Identificación y valuación del activo intangible	CG Asesores Patrimoniales / Firma especializada
d) Contratación de **seguro de vida** (modalidad Hombre Clave) por el importe del valor del **Know How**)	**CG Assores Patrimoniales**
e) **Registro ante autoridades y dependencias para valor probatorio**	IMPI, INDAUTOR, etc.
f) **Dictamen oficial del Know How**	Corredor público
g) Acta de asamblea	Consejo de administración / Registro ante **notario público o corredor público**
h) Registro contable del balance general con aumento del intangible	Firma especializada
i) Deducción de la amortización del Know How en materia fiscal*	Cliente

*Dependiendo de la estrategia financiera y fiscal recomendada por los asesores financieros y contables de la empresa.

Entre los fundamentos legales y normativos se encuentran:

- **Normas de Información Financiera**
- **Reglas de Precios de Transferencia**
- **Ley de Mercado de Valores**

- **Proyecto de Norma Mexicana NMX-R-081-SCFI-2015**

- **Código Fiscal de la Federación**

- **Disposiciones de la Ley del Impuesto sobre la Renta (Artículos 25, 27, 32 y 33).**

Y a nivel internacional:

- **International Financial Reporting Standards (IFRS)**

- **International Accounting Standards (IAS)**

- **International Valuation Standards Council**

En la siguiente mentoría vamos a ver cómo darle materialidad financiera a tu activo intangible o bien no visible.

> *"La estrategia sin tácticas es la ruta más lenta hacia la victoria. Las tácticas sin estrategia son el ruido antes de la derrota"*
>
> **Sun Tzu**

3.6 Mentoría 5: Materialidad financiera

A continuación, nos adentramos en la mentoría de materialidad financiera. Durante esta sesión, tendrás la oportunidad de conocer y evaluar uno o dos planes de protección que no solo resguardarán a ti y a tu familia, sino que también darán solidez a tu estrategia patrimonial.

Comenzaremos revisando juntos todos los elementos de la estructura actual de tu patrimonio, desde una perspectiva ontológica (ver ilustración de la estructura patrimonial).

- **Bienes muebles**

- **Bienes inmuebles**

- **Activos líquidos**

- **Seguros**

- **Activos intagibles**

AHORRA IMPUESTOS VALORÁNDOTE

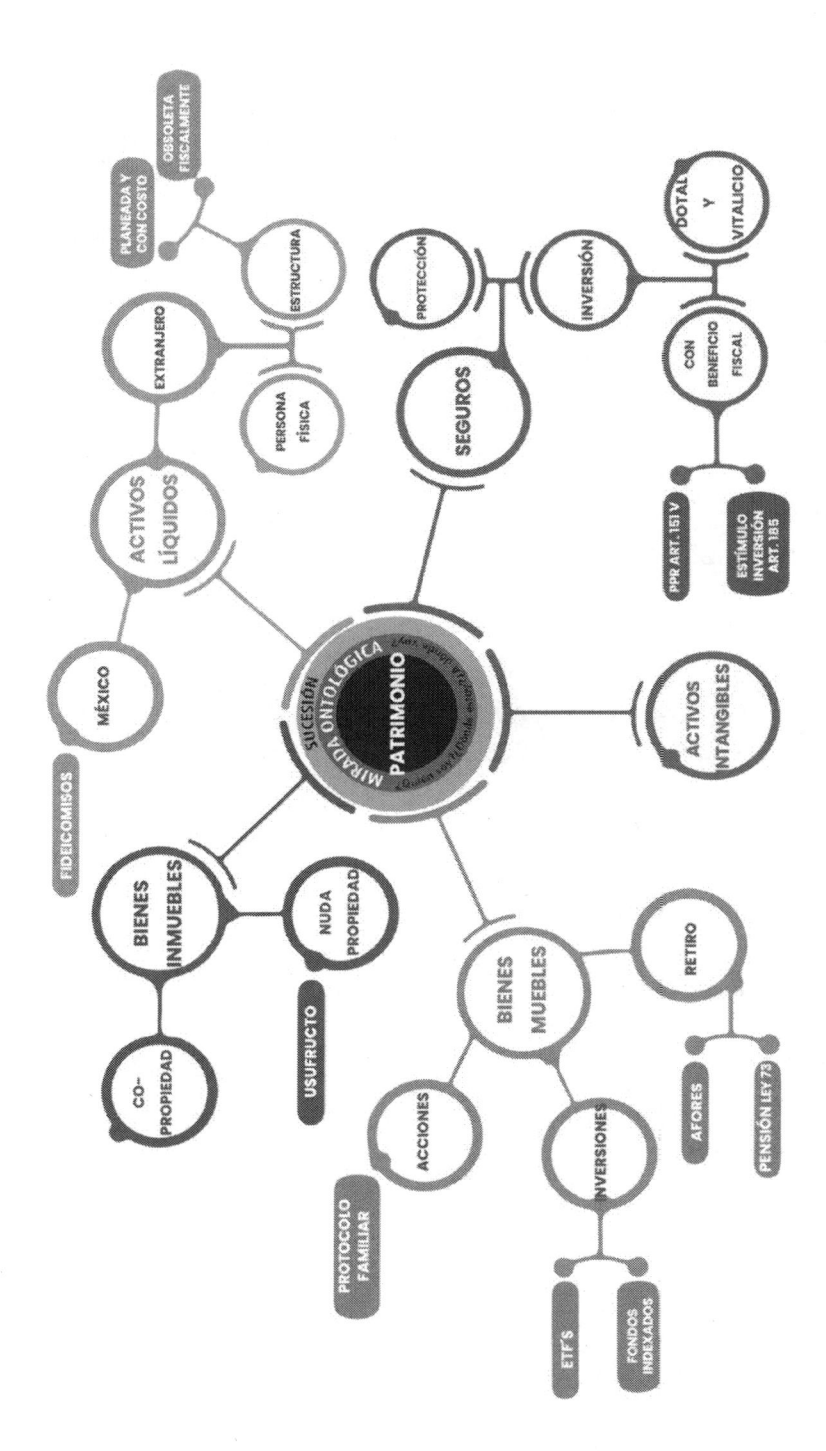

PATRIMONIO (MIRADA ONTOLÓGICA / SUCESIÓN)

- **ACTIVOS LÍQUIDOS**
  - EXTRANJERO
    - ESTRUCTURA
      - PLANEADA Y CON COSTO
      - OBSOLETA FISCALMENTE
    - PERSONA FÍSICA
  - MÉXICO
    - FIDEICOMISOS

- **SEGUROS**
  - PROTECCIÓN
  - INVERSIÓN
    - DOTAL Y VITALICIO
    - CON BENEFICIO FISCAL
      - PPR ART. 151 V
      - ESTÍMULO INVERSIÓN ART. 185

- **ACTIVOS INTANGIBLES**

- **BIENES INMUEBLES**
  - NUDA PROPIEDAD
  - USUFRUCTO
  - CO-PROPIEDAD

- **BIENES MUEBLES**
  - ACCIONES
    - PROTOCOLO FAMILIAR
  - INVERSIONES
    - ETF'S
    - FONDOS INDEXADOS
  - RETIRO
    - AFORES
    - PENSIÓN LEY 73

114

Analizaremos tus bienes muebles, inmuebles, activos líquidos, seguros y activos intangibles para obtener una radiografía completa de tu situación patrimonial. Esto nos permitirá visualizar tus diversas fuentes de ingresos, la distribución del gasto, el estado de pérdidas y ganancias, las estrategias de sucesión, protección y retiro, la composición de activos y tu nivel de apalancamiento.

En la siguiente hoja se presenta una Ilustración de la Radiografía Personal:

I. Distribución de ingreso

II. Distribución del gusto

III. Generción de ingreso

IV. Sucesión

V. Protección

VI. Retiro

VII. Distribución de activos

VIII. Distribución de activos recomendada

IX. Apalancamiento

AHORRA IMPUESTOS VALORÁNDOTE

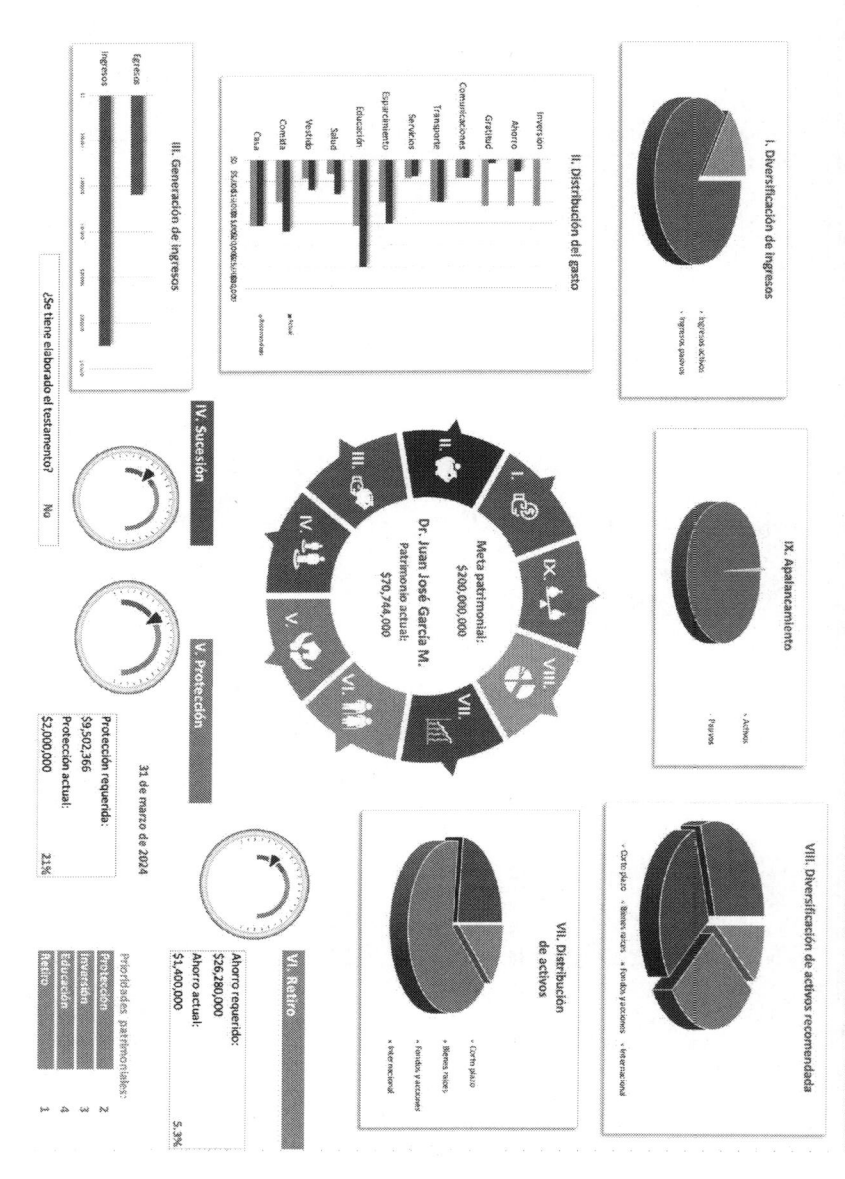

RADIOGRAFÍA PATRIMONIAL personal

I. Diversificación de ingresos
- Ingresos activos
- Ingresos pasivos

II. Distribución del gasto
Casa, Cometa, Vestido, Salud, Educación, Esparcimiento, Servicios, Transporte, Comunicaciones, Caridad, Ahorro, Inversión
- Recomendado
- Real

III. Generación de ingresos
- Ingresos
- Egresos

¿Se tiene elaborado el testamento? **No**

IV. Sucesión

Dr. Juan José García M.
Meta patrimonial: $200,000,000
Patrimonio actual: $70,744,000

V. Protección
31 de marzo de 2024
Protección requerida: $9,502,366
Protección actual: $2,000,000
21%

VI. Retiro
Ahorro requerido: $26,280,000
Ahorro actual: $1,400,000
5.3%

Prioridades patrimoniales:
Protección	2
Inversión	3
Educación	4
Retiro	1

VII. Distribución de activos
- Corto plazo
- Bienes raíces
- Fondos y acciones
- Internacional

VIII. Diversificación de activos recomendada
- Corto plazo
- Bienes raíces
- Fondos y acciones
- Internacional

IX. Apalancamiento
- Activos
- Pasivos

Después de examinar tu radiografía patrimonial y considerando el segundo elemento de materialidad que hemos discutido previamente, el financiero, procederemos a la contratación de uno o dos seguros de vida, dependiendo del intangible seleccionado y del monto de su evaluación. ¿Cómo funciona esto?

Imagina que tienes un Volkswagen Jetta 2.0 modelo 1975 y estás evaluando su valor. Entonces, te presentan una póliza de seguro que establece que, en caso de robo, la aseguradora te pagará $32,000. ¿Cuál es el valor del vehículo?

La respuesta es clara: $32,000.00. Este valor ha sido validado por una aseguradora regulada por la CNSF, que depende de la SHCP.

Una vez que hemos asegurado el valor del activo intangible mediante un seguro de vida, la autoridad fiscal ya no cuestionará su valor al momento de la amortización. Es importante destacar que existen numerosos productos financieros con beneficios fiscales poco conocidos, los cuales pueden ser aprovechados por profesionales como tú para fortalecer y dar solidez a tu estrategia patrimonial.

Ejemplo comparativo de pago del impuesto sobre la renta sin deducir el Plan Personal de Retiro y deduciéndolo:

A SIN DEDUCIR EL PPR

Ingresos acumulables	$2,496,000
Deducciones personales:	
Colegiaturas (ej)	$97,000
Transporte escolar (ej)	$20,000
Base gravable	$2,379,000
Límite inferior	$1,166,200
Excedente del L.I.	$1,212,800
% sobre excedente	34%
Impuesto marginal	$412,352
Cuota fija	$304,204
ISR causado	$716,556
ISR retenido	$716,556
ISR a cargo/favor	**$716,556**

B DEDUCIENDO EL PPR

Ingresos acumulables	$2,496,000
Deducciones personales:	
Colegiaturas (ej)	$97,000
Transporte escolar (ej)	$20,000
Plan personal de retiro	**$189,326**
Base gravable	$2,189,675
Límite inferior	$1,166,200
Excedente del L.I.	$1,023,474
% sobre excedente	34%
Impuesto marginal	$347,981
Cuota fija	$304,204
ISR causado	$652,186
ISR retenido	$716,556
ISR a cargo/favor	**-$64,371**

La capitalización del plan personal de retiro y el seguro de vida empresarial no solo constituyen el segundo elemento de materialidad para el intangible, sino que también contribuyen a hacer crecer y multiplicar el patrimonio de manera inteligente.

"Nunca fue tan fácil crear una marca. Nunca fue tan fácil que una marca resultase irrelevante"

Manuel Antonio Fernández

3.7 Mentoría 6: Materialidad comercial

La próxima mentoría que abordaremos es la de Materialidad Comercial. Como profesionista, comprendes que tu nombre y reputación son elementos cruciales para el éxito de tu práctica. ¿Pero sabías que la propiedad intelectual, como tu marca, es uno de tus activos comerciales más valiosos?

Es por ello por lo que el estudio de salud de tu marca se convierte en el tercer elemento de materialidad para la amortización del activo intangible seleccionado. ¿Te has preguntado cuál es el estado actual de tu marca? ¿Cuánto podrías aumentar tus ingresos si aumentaras tu visibilidad?

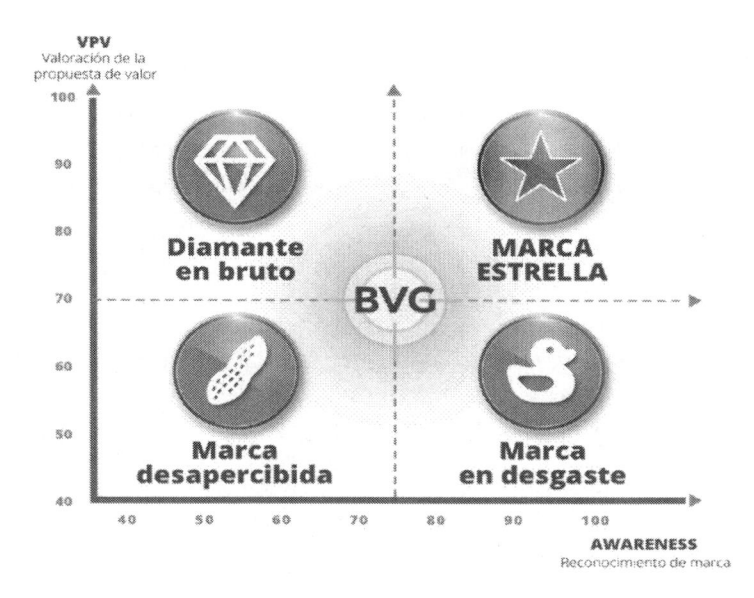

Durante esta mentoría, llevaremos a cabo un estudio preliminar de la salud de tu marca y reputación. Compararemos la valoración de la propuesta de valor con el reconocimiento de marca, y complementaremos este análisis con un estudio de tus habilidades comerciales. A través de este proceso, construiremos un documento detallado de materialidad comercial.

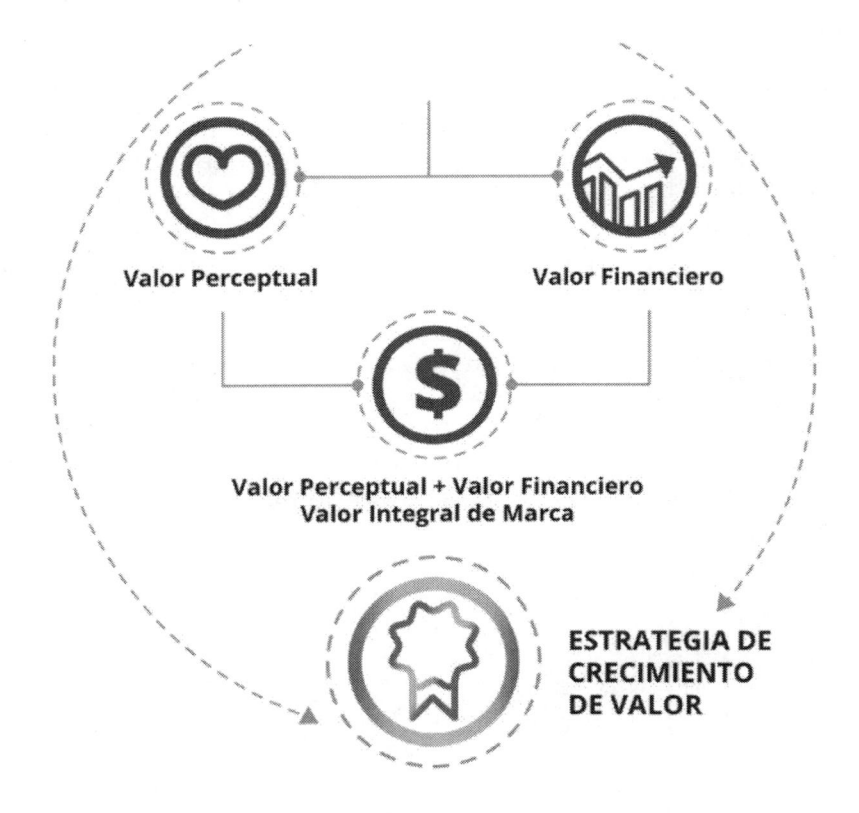

Valor Perceptual

Valor Financiero

Valor Perceptual + Valor Financiero
Valor Integral de Marca

ESTRATEGIA DE CRECIMIENTO DE VALOR

Pero eso no es todo. Al comparar el valor perceptual de tu marca con su valor financiero, también desarrollaremos una estrategia para aumentar el valor de tu marca. Esto te permitirá vender más y aumentar tus utilidades de manera significativa.

3.7.1 Ejemplo práctico para convertirse en marca estrella.

Ejemplo Práctico: Plan de Marketing Digital para un médico especializado.

En este ejemplo, consideraremos a la Dra. María Oviedo, una médica especializada en dermatología con su propia consulta en la ciudad de Guadalajara. La Dra. Oviedo se enfrenta a desafíos comunes en su práctica, como la limitación en la captación de clientes, problemas en la fijación de precios, la priorización de la administración del negocio y la dificultad en la retención de clientes.

Su estudio de salud de marca la situó en el cuadrante de **marca desapercibida.**

Desafíos:

1. **Limitación en la captación de clientes:** La Dra. Oviedo encuentra dificultades para atraer nuevos pacientes a su consulta debido a la competencia en el mercado y la falta de visibilidad en línea.

2. **Problemas en la fijación de precios:** Aunque la Dra. ofrece servicios de alta calidad, no está segura de cómo fijar precios competitivos que reflejen el valor de su experiencia y especialización.

3. **Priorización de la administración del negocio:** La Dra. María se encuentra abrumada con las responsabilidades administrativas de su consulta y lucha por encontrar tiempo para centrarse en su práctica médica y el crecimiento de su negocio.

4. **Dificultad en la retención de clientes:** Aunque la Dra. María ha tenido éxito en atraer algunos pacientes, lucha por mantener su lealtad y repetir negocios debido a la falta de un enfoque estratégico en la retención de clientes.

Solución: Plan de Marketing Digital.

El propósito del plan propuesto es el de mover la práctica de la Dra. Oviedo a una marca situada en el cuadrante de **marca estrella. El plan está enfocado en incrementar el valor perceptual y la fórmula de las tres tácticas fortalece el valor financiero. De forma que el valor integral de la marca quedará muy fortalecido.**

1. **Desarrollo de una marca personal fuerte:**

- Creación de un sitio web profesional y atractivo que destaque la experiencia y especialización de la Dra. Oviedo en dermatología.

- Desarrollo de contenido de calidad, como blogs, artículos y videos informativos sobre tratamientos dermatológicos, para establecerse como una autoridad en su campo.

- Implementación de estrategias de SEO (Optimización de Motores de Búsqueda) para mejorar la visibilidad en línea y atraer tráfico orgánico a su sitio web.

2. **Ofertas Irresistibles y coherentes:**

- Creación de paquetes de servicios atractivos y personalizados que ofrezcan un valor agregado a los pacientes, como descuentos en tratamientos combinados o programas de membresía.

- Promoción de ofertas especiales y descuentos exclusivos a través de las redes sociales, correo electrónico y anuncios en línea para atraer nuevos pacientes y fomentar la lealtad de los existentes.

3. Visibilidad en redes sociales:

- Establecimiento de perfiles profesionales en plataformas de redes sociales como Instagram, Facebook y LinkedIn para interactuar con los pacientes y compartir contenido relevante.

- Publicación regular de contenido atractivo, como casos de estudio, testimonios de pacientes satisfechos y consejos de cuidado de la piel, para mantener a la audiencia comprometida y generar interacción.

4. Automatización de procesos administrativos:

- Implementación de herramientas de gestión de la práctica médica, como sistemas de programación de citas en línea y software de facturación automatizada, para optimizar la administración del negocio y liberar tiempo para la atención al paciente.

5. Programas de fidelización y retención de clientes:

- Creación de programas de fidelización para recompensar a los pacientes leales con descuentos exclusivos, regalos y servicios gratuitos.

- Envío regular de boletines informativos y correos electrónicos personalizados a los pacientes existentes para mantenerse en contacto, compartir noticias y promociones, y recordarles sus próximas citas.

Con la implementación de este plan de marketing digital, la Dra. Oviedo podrá superar los desafíos comunes que enfrenta en su práctica médica y fortalecer su marca personal, aumentar la visibilidad en línea, atraer nuevos pacientes y mejorar la retención de clientes existentes. **Pero, sobre todo, su estrategia de crecimiento de valor será sólida y sostenible.**

Cronograma del Plan de Marketing Digital para la Dra. María Oviedo

El siguiente cronograma detalla las actividades clave y los tiempos de ejecución para implementar el plan de marketing digital de la Dra. Oviedo.

Se identifica la ruta crítica, que son las actividades que deben completarse en tiempo para garantizar el éxito del plan.

Mes 1: Preparación y estrategia

Semana 1-2: Investigación de mercado y análisis de la competencia.

Semana 3: Definición de objetivos y métricas de éxito.

Semana 4: Desarrollo del plan de marketing digital y asignación de recursos.

Mes 2: Desarrollo de la marca personal y sitio web

Semana 1-2: Contratación de diseñador web y desarrollo del sitio web.

Semana 3: Creación de contenido inicial para el sitio web (biografía, servicios, testimonios, etc.).

Semana 4: Revisión y lanzamiento del sitio web.

Mes 3: Estrategias de contenido y SEO

Semana 1-2: Desarrollo de una estrategia de contenido (blogs, videos, infografías, etc.).

Semana 3: Optimización del sitio web para SEO (palabras clave, metadescripciones, etiquetas alt, etc.).

Semana 4: Lanzamiento de la estrategia de contenido y seguimiento de resultados.

Mes 4: Marketing en redes sociales

Semana 1-2: Creación de perfiles en redes sociales (Instagram, Facebook, LinkedIn).

Semana 3: Desarrollo de contenido para redes sociales (publicaciones, historias, videos, etc.).

Semana 4: Lanzamiento de campañas publicitarias en redes sociales.

Mes 5: Estrategias de generación de leads

Semana 1-2: Implementación de formularios de contacto y llamadas a la acción en el sitio web y redes sociales.

Semana 3: Desarrollo de una estrategia de correo electrónico para la generación de leads.

Semana 4: Lanzamiento de campañas de marketing por correo electrónico.

Mes 6: Automatización de procesos administrativos

Semana 1-2: Evaluación y selección de herramientas de gestión de práctica médica.

Semana 3: Implementación y configuración de herramientas seleccionadas.

Semana 4: Capacitación del personal y lanzamiento de procesos automatizados.

Mes 7-8: Monitoreo y optimización continua

Semana 1-8: Monitoreo y análisis continuo de métricas clave (tráfico del sitio web, interacciones en redes sociales, conversiones, etc.).

Semana 4-8: Ajuste y optimización de estrategias según los resultados obtenidos.

Ruta crítica:

- Investigación de mercado y análisis de la competencia.

- Definición de objetivos y métricas de éxito.

- Desarrollo del plan de marketing digital y asignación de recursos.

- Contratación de diseñador web y desarrollo del sitio web.

- Desarrollo de una estrategia de contenido.

- Lanzamiento de campañas publicitarias en redes sociales.

- Implementación de formularios de contacto y llamadas a la acción.

- Implementación y configuración de herramientas de gestión de práctica médica.

- Monitoreo y análisis continuo de métricas clave.

Siguiendo este cronograma, la Dra. María Oviedo podrá ejecutar de manera efectiva su plan de marketing digital en la ciudad de Guadalajara y alcanzar sus objetivos comerciales y de crecimiento.

"La inversión es un negocio a largo plazo donde la paciencia marca la rentabilidad"

Francisco García Paramés

3.8 Mentoría 7: Capitalización de activos

La penúltima mentoría es la de Capitalización. Durante esta sesión, te sumergirás en la forma más segura y estratégica de multiplicar tu patrimonio, realizando diversas simulaciones tanto para el mercado nacional como internacional, aprovechando al máximo los fideicomisos de inversión.

Mantener una fortuna es tan desafiante como conseguirla, según la banca privada de JP Morgan. Aunque pueda parecer que no dispones de un gran patrimonio, los principios para su crecimiento y conservación son los mismos, sin importar el tamaño.

La diversificación de activos es clave, y la experiencia respalda la estrategia de diversificación internacional y la utilización de fideicomisos de inversión como la mejor manera de construir un patrimonio a mediano y largo plazo, mientras blindamos nuestros activos.

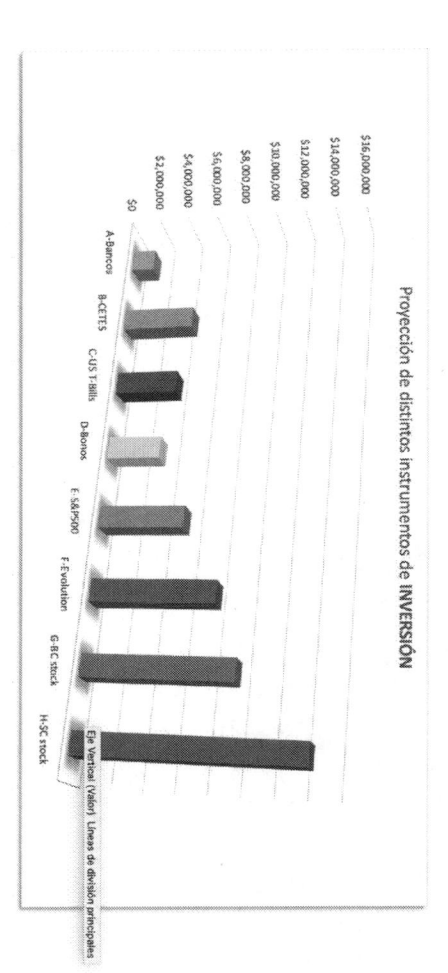

Proyecciones de distintos instrumentos de inversión (efecto tiempo y función exponencial)

Importe del capital a considerar: $1,000,000	Bancos mexicanos / debajo del colchón A	CETES B	US Treasury Bills C	Bonos D	Plan de ahorro S&P 500 (ITA) E	Plan de inversión EVOLUTION (ITA) F	Inversión en Acciones compañías grandes G	Inversión en Acciones compañías pequeñas H
Rendimiento USD	0.0%	0.0%	5.2%	4.4%	6.9%	8.9%	9.9%	12.1%
Ganancia cambiaria	5.0%	5.0%	5.0%	5.0%	5.0%	5.0%	5.0%	5.0%
Rendimiento MXN	5.00%	11.25%	10.48%	9.63%	12.25%	14.35%	15.40%	17.71%
Inflación USD	-3.0%	-3.0%	-3.0%	-3.0%	-3.0%	-3.0%	-3.0%	-3.0%
Rendimiento neto MXN	1.94%	8.01%	7.26%	6.44%	8.98%	11.03%	12.03%	14.28%

Crecimiento del capital a través del tiempo:

	A	B	C	D	E	F	G	H
Inversión a 5 años	$1,100,932	$1,469,989	$1,419,881	$1,365,933	$1,536,912	$1,686,164	$1,765,017	$1,948,895
Inversión a 10 años	$1,212,051	$2,160,867	$2,016,061	$1,865,772	$2,362,097	$2,843,148	$3,115,284	$3,798,192
Inversión a 15 años	$1,334,385	$3,176,449	$2,862,566	$2,548,518	$3,630,335	$4,794,014	$5,498,529	$7,402,277
Inversión a 20 años	$1,469,067	$4,669,344	$4,064,503	$3,481,104	$5,579,504	$8,083,493	$9,704,995	$14,426,259
Inversión a 25 años	$1,617,342	$6,863,883	$5,771,109	$4,754,954	$8,575,205	$13,630,094	$17,129,480	$28,115,265

Proyección de distintos instrumentos de INVERSIÓN

A-Bancos B-CETES C-US T-Bills D-Bonos E-S&P500 F-Evolution G-BC stock H-SC stock

Eje Vertical (Valor) Líneas de división principales

Durante esta sesión, se interpretará el estudio de competencias y el de tolerancia al riesgo para determinar tu perfil financiero. Esto te permitirá tomar las mejores decisiones de inversión, tanto en el mercado nacional como en el internacional, alineadas con tu perfil y objetivos financieros.

Test de tolerancia al riesgo

Marca con una X la opción que elijas para cada una de las 11 preguntas.

1. **Tengo planificado empezar a retirar dinero de mis inversiones en:**

    A. Menos de 1 año

    B. 1-2 años

    C. 3-5 años

    D. 6-10 años

    E. 11-15 años

    F. Más de 15 años

2. **Al retirar dinero de estas inversiones, tengo planificado gastarlo en un período de:**

    A. 2 años o menos

    B. 3-5 años

    C. 6-10 años

    D. 11-15 años

    E. Más de 15 años

3. **Al hacer una inversión a largo plazo, tengo planificado mantener invertido el dinero durante:**

   A. 1-2 años

   B. 3-4 años

   C. 5-6 años

   D. 7-8 años

   E. Más de 8 años

4. **De octubre de 2022 hasta noviembre de 2022, las acciones perdieron más de 31% de su valor. Si hubiera tenido una inversión en acciones que perdiera 31% aproximadamente de su valor en tres meses, yo habría: (Si tenía acciones durante ese período, seleccione la respuesta que concuerda con las decisiones que tomó en ese momento).**

   A. Vendido toda la inversión restante

   B. Vendido una parte de la inversión restante

   C. Conservado la inversión y no habría vendido nada

   D. Comprado más de la inversión

5. **Generalmente prefiero una inversión que tenga pocas o ninguna caída o subida en valor y estoy dispuesto a aceptar los rendimientos más bajos que puedan generar estas inversiones.**

   A. Estoy en total desacuerdo

   B. Estoy en desacuerdo

C. Estoy un poco de acuerdo

D. Estoy de acuerdo

E. Estoy totalmente de acuerdo

6. **Cuando el mercado baja tiendo a vender algunas de mis inversiones con más riesgo y poner el dinero en inversiones más seguras.**

    A. Estoy en total desacuerdo

    B. Estoy en desacuerdo

    C. Estoy un poco de acuerdo

    D. Estoy de acuerdo

    E. Estoy totalmente de acuerdo

7. **Yo invertiría en un fondo basado únicamente en una breve conversación con un amigo, compañero de trabajo o pariente.**

    A. Estoy en total desacuerdo

    B. Estoy en desacuerdo

    C. Estoy un poco de acuerdo

    D. Estoy de acuerdo

    E. Estoy totalmente de acuerdo

8. **De septiembre de 2024 hasta octubre de 2024, los bonos perdieron casi 4% de su valor. Si hubiera tenido una inversión en bonos que perdiera casi 4% de su valor en dos meses, yo habría:**

(Si tenía bonos durante ese período, seleccione la respuesta que concuerda con las decisiones que tomó en ese momento).

A. Vendido toda la inversión restante

B. Vendido una parte de la inversión restante

C. Conservado la inversión y no habría vendido nada

D. Comprado más de la inversión

9. **El cuadro a continuación muestra la mayor pérdida en un año y la mayor ganancia en un año de tres distintas inversiones hipotéticas de $10,000. Dado la ganancia o pérdida potencial en cualquier período de un año, yo invertiría mi dinero en:**

   1.   Inversión A

   2.   Inversión B

   3.   Inversión C

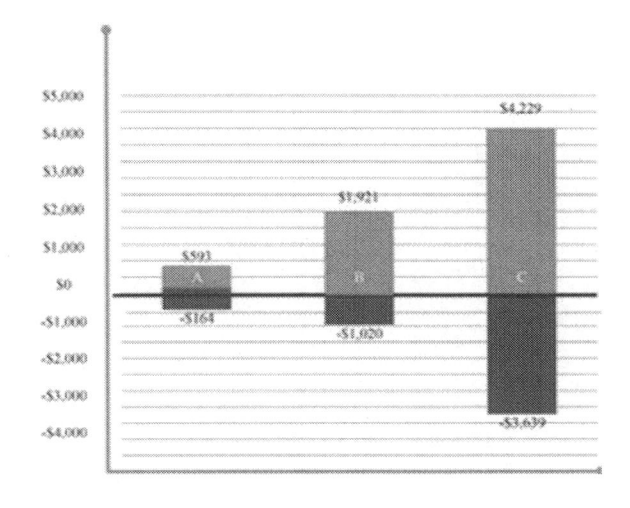

Inversión	Mayor pérdida	Mayor ganancia
A	-$164	$593
B	-$1,020	$1,921
C	-$3,639	$4,229

10. **Mis fuentes de ingresos actuales y futuras (tales como salario, seguro social, pensión) son:**

    A.   Muy inestables

    B.   Inestables

    C.   Algo estables

    D.   Estables

    E.   Muy estables

11. **Cuando se refiere a invertir en fondos mutuos de acciones o bonos (o acciones individuales o bonos), me describiría a mí mismo como:**

    A.   Muy inexperto

    B.   Algo inexperto

    C.   Algo experimentado

    D.   Experimentado

    E.   Muy experimentado

RESULTADOS

Utiliza la siguiente clave de respuestas para calcular la puntuación de tu cuestionario.

Por ejemplo, si contestaste "C" en la respuesta 1, anota 4 puntos. Use tu puntuación para encontrar la combinación sugerida en la siguiente tabla:

	A	B	C	D	E	F	Puntos
1	0	1	4	7	12	17	
2	0	1	3	5	8	-	
3	0	1	3	5	7	-	
4	1	3	5	6	-	-	
5	6	5	3	1	0	-	
6	5	4	3	2	1	-	
7	5	4	3	2	1	-	
8	1	3	5	6	-	-	
9	1	3	5	-	-	-	
10	1	2	3	4	5	-	
11	1	2	3	4	5	-	

Total de puntos _____

Dependiendo de la puntuación que obtuviste en tu prueba, te recomendamos las siguientes combinaciones de bonos y acciones:

Puntuación	Combinación sugerida	Asignación de activos
7-22		100% en bonos
23-28		20% en acciones 80% en bonos
29-35		30% en acciones 70% en bonos
36-41		40% en acciones 60% en bonos
42-48		50% en acciones 50% en bonos
49-54		60% en acciones 40% en bonos
55-61		70% en acciones 30% en bonos
62-68		80% en acciones 20% en bonos
69-75		100% en acciones

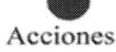

Ingresos: 7-22, 23-28, 29-35
Equilibrado: 36-41, 42-48, 49-54
Crecimiento: 55-61, 62-68, 69-75

● Bonos ● Acciones

"La estrategia es averiguar qué no hacer"

Steve Jobs

3.9 Mentoría 8: Consolidación estratégica

Y finalmente, llegamos a la sesión de Consolidación Estratégica. En esta sesión, validaremos todos los cálculos y recomendaciones que has recibido a lo largo del proceso, asegurando así la solidez y coherencia de tu estrategia financiera.

Revisaremos nuevamente los resultados obtenidos a través de la combinación de las tres tácticas integrales. Recordemos que la primera táctica capitaliza activos inmateriales que antes estaban ocultos, mientras que las dos siguientes capitalizan inversiones inteligentes.

Fórmula integral de 3 tácticas

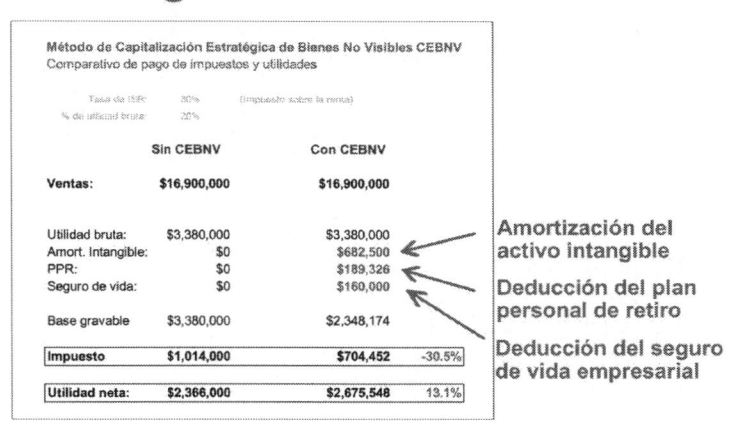

Método de Capitalización Estratégica de Bienes No Visibles CEBNV
Comparativo de pago de impuestos y utilidades

| | Tasa de ISR | 30% | (Impuesto sobre la renta) |
| | % de utilidad bruta: | 20% | |

	Sin CEBNV	Con CEBNV	
Ventas:	$16,900,000	$16,900,000	
Utilidad bruta:	$3,380,000	$3,380,000	Amortización del activo intangible
Amort. Intangible:	$0	$682,500	
PPR:	$0	$189,326	Deducción del plan personal de retiro
Seguro de vida:	$0	$160,000	
Base gravable	$3,380,000	$2,348,174	Deducción del seguro de vida empresarial
Impuesto	$1,014,000	$704,452	-30.5%
Utilidad neta:	$2,366,000	$2,675,548	13.1%

En esta sesión, integraremos los tres elementos de materialidad que brindan una sólida estabilidad a tu estrategia: el ontológico, el financiero y el comercial.

LOS 3 ELEMENTO DE MATERIALIDAD

MATERIALIDAD ONTOLÓGICA:

ESTUDIOS PSICOMÉTRICOS

MATERIALIDAD FINANCIERA:

SEGURO DE VIDA

MATERIALIDAD COMERCIAL:

ESTUDIO DE SALUD DE MARCA

Repasaremos las tácticas para multiplicar tu patrimonio y los beneficios de los fideicomisos de inversión.

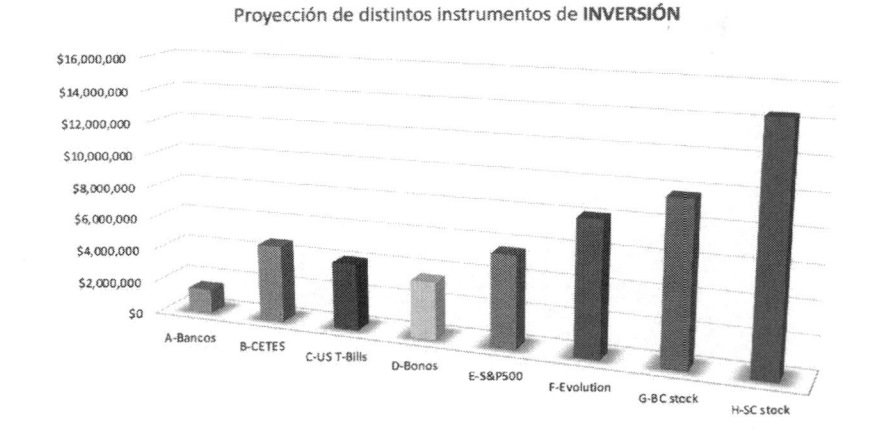

Proyección de distintos instrumentos de **INVERSIÓN**

(A-Bancos, B-CETES, C-US T-Bills, D-Bonos, E-S&P500, F-Evolution, G-BC stock, H-SC stock)

Luego, volveremos a elaborar tu radiografía patrimonial, incorporando los nuevos componentes y resultados derivados de las tácticas que hemos implementado.

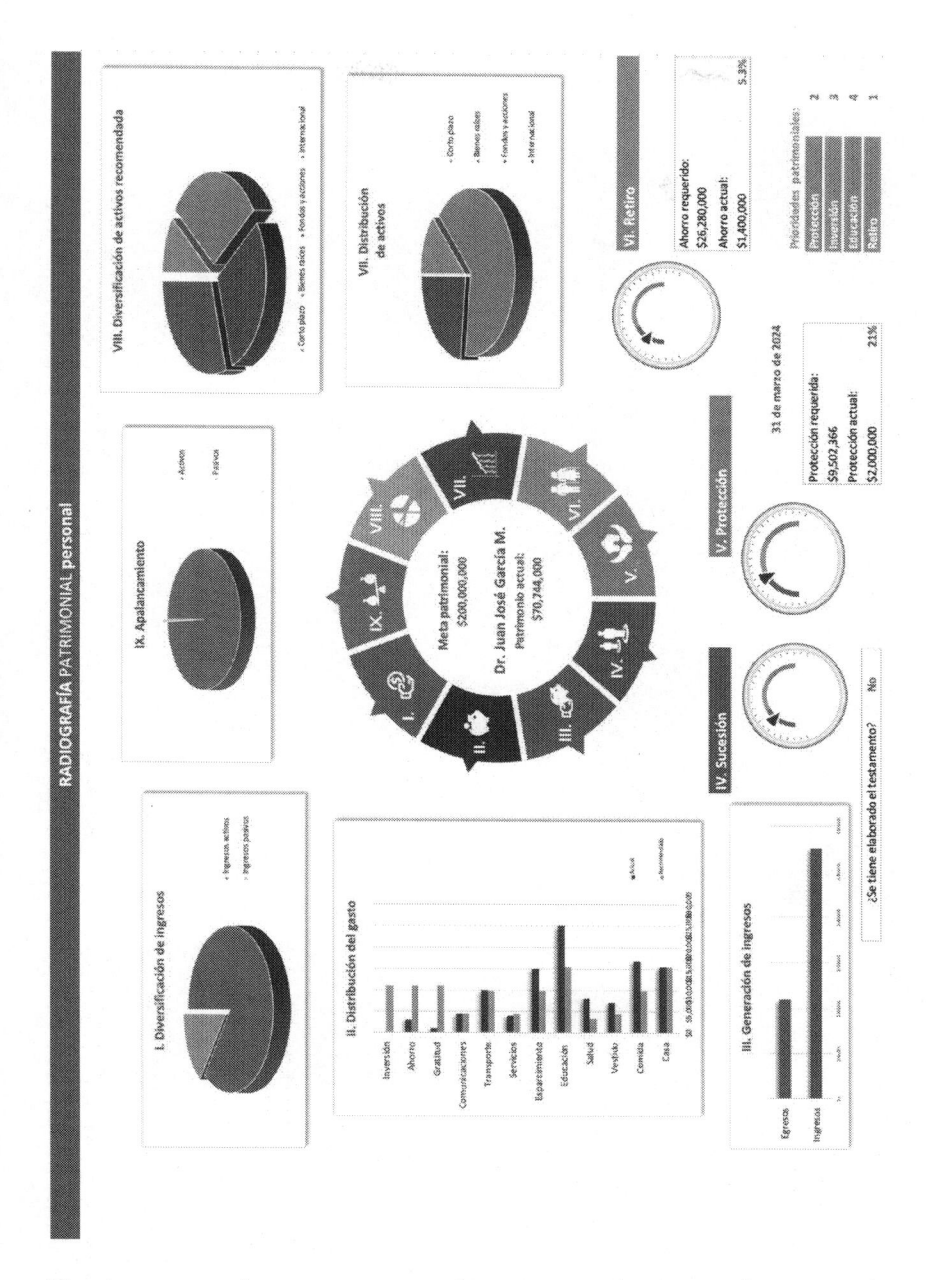

Finalmente, plasmaremos tu Estrategia de Capitalización de Bienes no visibles y tu plan de acción de manera detallada y precisa.

AHORRA IMPUESTOS VALORÁNDOTE

ESTRATEGIA PATRIMONIAL empresarial

	Ahorro	Inversión	Prioridades patrimoniales de la empresa Crédito	Riesgos	Talento	Sucesión	Resp. Social
	5	3	1	4	2	6	7

LOS ACTIVOS INTANGIBLES Y EL SEGURO DE VIDA

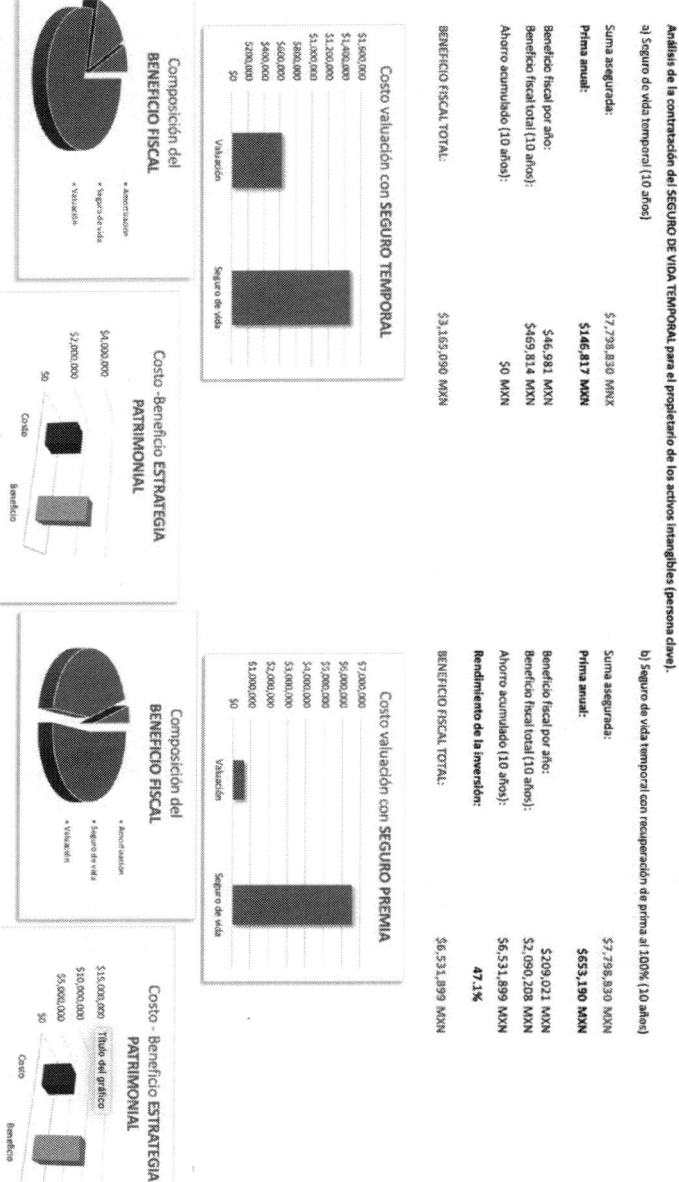

Valor de los activos intangibles:	$7,798,830 MXN
Costo de valuación:	$623,906 MXN

Análisis de la contratación del SEGURO DE VIDA TEMPORAL para el propietario de los activos intangibles (persona clave).

a) Seguro de vida temporal (10 años)

Suma asegurada:	$7,798,830 MNX
Prima anual:	**$146,817 MXN**
Beneficio fiscal por año:	$46,981 MXN
Beneficio fiscal total (10 años):	$469,814 MXN
Ahorro acumulado (10 años):	$0 MXN
BENEFICIO FISCAL TOTAL:	$3,165,090 MXN

b) Seguro de vida temporal con recuperación de prima al 100% (10 años)

Suma asegurada:	$7,798,830 MXN
Prima anual:	**$653,190 MXN**
Beneficio fiscal por año:	$209,021 MXN
Beneficio fiscal total (10 años):	$2,090,208 MXN
Ahorro acumulado (10 años):	$6,531,899 MXN
Rendimiento de la inversión:	47.1%
BENEFICIO FISCAL TOTAL:	$6,531,899 MXN

Composición del BENEFICIO FISCAL
- Amortización
- Seguro de vida
- Valuación

Costo valuación con SEGURO TEMPORAL
Valuación — Seguro de vida

Costo - Beneficio ESTRATEGIA PATRIMONIAL
Costo — Beneficio

Composición del BENEFICIO FISCAL
- Amortización
- Seguro de vida
- Valuación

Costo valuación con SEGURO PREMIA
Valuación — Seguro de vida

Costo - Beneficio ESTRATEGIA PATRIMONIAL
Título del gráfico
Costo — Beneficio

Al concluir esta última sesión de mentoría y el proceso completo de nuestra incubadora financiera, tendrás una visión más clara de tu situación actual y de cómo alcanzar tus metas en los próximos años. Estarás preparado para navegar con éxito en medio de cualquier desafío, ya sean recesiones, problemas geopolíticos, pandemias u otras amenazas.

Además, disfrutarás de la libertad para seguir dedicándote a lo que más te gusta, habiendo despertado en ti la conciencia del valor que reside en lo intangible, en lo sutil pero esencial de tu ADN, y que tiene el poder de comunicar efectivamente quién eres y lo que vales.

"Las buenas tácticas pueden salvar incluso la peor estrategia. Las malas tácticas destruirán incluso la mejor estrategia"

General George Patton

3.10 Resultados y conclusiones

En este libro, hemos explorado un enfoque integral para la gestión financiera personal y empresarial, centrándonos en la capitalización estratégica de activos intangibles y la maximización del patrimonio. A lo largo de las diversas secciones, hemos presentado un conjunto de tácticas y estrategias diseñadas para ayudar a los profesionistas y consultores independientes a optimizar sus recursos financieros y proteger su patrimonio de manera efectiva.

Pasos para CAPITALIZAR ESTRATÉGICAMENTE TUS BIENES NO VISIBLES

1 Clave para **identificar, valuar y amortizar tus activos intangibles** que han permanecido invisibles hasta ahora.

2 **Fórmula integral de tres tácticas** para la monetización, conservación y protección estratégica de tu patrimonio, de manera fácil, segura y duradera.

3 El secreto para consolidar tu patrimonio **diversificando tus activos internacionalmente** y conservarlo sin estrategias riesgosas.

En primer lugar, identificamos la importancia de reconocer y valorar los activos intangibles, que representan una parte significativa del valor total de cualquier negocio. Mediante un proceso de diagnóstico patrimonial y valoración, pudimos identificar estos activos ocultos y comenzar a capitalizarlos de manera efectiva.

Luego, implementamos una fórmula integral de tres tácticas que incluía la amortización de intangibles, la planificación del retiro personal y los seguros de vida empresariales. Estas tácticas no solo proporcionaron beneficios financieros tangibles, como la reducción de impuestos y el aumento de la rentabilidad, sino que también contribuyeron a la creación de hábitos financieros saludables y a la protección estratégica del patrimonio.

Además, destacamos la importancia de la diversificación internacional de activos y la utilización de fideicomisos de inversión como una forma efectiva de construir patrimonio a largo plazo y proteger los activos de las fluctuaciones del mercado y otras amenazas.

A lo largo del proceso de mentoría, guiados por expertos financieros y fiscales, los participantes pudieron comprender en profundidad su situación patrimonial actual, identificar oportunidades de mejora y desarrollar estrategias personalizadas para alcanzar sus objetivos financieros a largo plazo.

Finalmente, en la sesión de consolidación estratégica, validamos todos los cálculos y recomendaciones realizadas a lo largo del proceso, asegurando la coherencia y solidez de la estrategia financiera diseñada. Al finalizar el programa, los participantes adquirieron una visión clara de su situación financiera y un plan de acción detallado para alcanzar sus metas con confianza y seguridad.

Este libro proporciona un marco completo y práctico para la gestión financiera efectiva, dirigido específicamente a profesionistas y consultores independientes. Al implementar las tácticas y estrategias presentadas aquí, los lectores pueden esperar optimizar sus bienes, reducir su carga fiscal y proteger sus activos.

Reconocer tu propio valor y el valor de tu negocio de manera integral, no solo te permite ahorrar impuestos de manera legal y ética, sino que también te empodera para construir un patrimonio sólido y duradero.

"Ahorra Impuestos Valorándote" es una invitación a seguir descubriendo el potencial oculto en tu negocio y en ti mismo, y a utilizarlo de manera estratégica para alcanzar la libertad financiera que tanto deseas.

ANEXOS

Anexo 1.

Método de Descuento de Flujo de Caja (DCF) para valorar negocios y empresas

Documento explicativo

¿Qué es el Método de Descuento de Flujo de Caja?

El Método de Descuento de Flujo de Caja es una técnica de valoración que estima el valor presente de todos los flujos de efectivo futuros que se espera que genere una empresa. Se basa en el principio de que el valor de un negocio está determinado por su capacidad para generar flujos de efectivo positivos en el futuro.

Pasos para aplicar el método DCF:

1. Estimación de flujos de efectivo futuros: El primer paso en el método DCF es proyectar los flujos de efectivo que se espera que genere la empresa en el futuro. Estas proyecciones suelen realizarse para un período de tiempo determinado, generalmente entre 5 y 10 años, y se basan en análisis financiero y proyecciones de crecimiento.

2. Aplicación de una tasa de descuento: Una vez estimados los flujos de efectivo futuros, se aplica una tasa de descuento para descontar esos flujos de efectivo a su valor presente. La tasa de descuento utilizada refleja el riesgo asociado con la empresa y el rendimiento esperado por los inversionistas. Esta tasa puede basarse en el costo promedio ponderado del capital (WACC, por sus siglas en inglés) o en otras tasas de retorno requeridas por los inversores.

3. Cálculo del valor presente: Después de aplicar la tasa de descuento, se calcula el valor presente de todos los flujos de efectivo futuros estimados. Este valor presente representa la estimación del valor actual de la empresa en función de sus flujos de efectivo futuros.

4. Consideración de otros factores: Además de los flujos de efectivo futuros y la tasa de descuento, otros factores pueden influir en la valoración final de la empresa, como el crecimiento proyectado, el riesgo del negocio, la competencia del mercado y las condiciones económicas.

Ventajas del Método DCF:

- **Enfoque en el flujo de efectivo:** El Método DCF se centra en los flujos de efectivo generados por la empresa, lo que proporciona una visión clara de su capacidad para generar beneficios en el futuro.

- **Consideración del valor temporal del dinero:** El método DCF tiene en cuenta el valor temporal del dinero, lo que significa que los flujos de efectivo futuros se descuentan a su valor presente, reflejando el hecho de que un dólar hoy vale más que un dólar en el futuro.

- **Flexibilidad:** El método DCF es flexible y puede adaptarse a diferentes situaciones y escenarios, lo que lo hace aplicable a una amplia gama de empresas y sectores.

Conclusión:

El Método de Descuento de Flujo de Caja es una herramienta poderosa y ampliamente utilizada para valorar negocios y empresas, especialmente aquellas con menos de 10 años de operación en el mercado. Al estimar los flujos de efectivo futuros y aplicar una tasa de descuento adecuada, este método proporciona una estimación del valor presente de la empresa, lo que permite a los inversores y empresarios tomar decisiones informadas sobre inversiones y estrategias empresariales.

Anexo 2.

El EBITDA y su importancia en la Valoración Empresarial

Documento Explicativo

¿Qué es EBITDA?

EBITDA es un acrónimo en inglés que significa "Earnings Before Interest, Taxes, Depreciation, and Amortization", que traducido al español sería "Beneficios antes de Intereses, Impuestos, Depreciación y Amortización". Es una medida financiera utilizada para evaluar el desempeño operativo de una empresa, es decir, cuánto dinero genera la empresa a través de sus operaciones principales, sin considerar los efectos de la estructura de capital, la política fiscal, la depreciación de activos fijos y otros gastos no relacionados con la operación central del negocio.

¿Por qué es Importante el EBITDA?

El EBITDA es una métrica crucial en la valoración de empresas, especialmente para aquellas que tienen más de 30 años de operación en el mercado. Esto se debe a varias razones:

1. Indicador de Rentabilidad Operativa: El EBITDA muestra cuánto dinero genera la empresa a través de sus operaciones principales, lo que permite evaluar su rentabilidad operativa sin verse afectada por factores financieros y contables.

2. Comparabilidad: Al calcular el EBITDA, se eliminan las diferencias en la estructura de capital, las políticas fiscales y otras variables que pueden variar entre empresas, lo que facilita la comparación entre ellas.

3. Facilita la Evaluación de la Capacidad de Pago: El EBITDA es una medida útil para evaluar la capacidad de una empresa para cumplir con sus obligaciones financieras, como el pago de intereses de deuda y otros compromisos financieros.

4. Base para la Valoración: El EBITDA se utiliza como base para calcular múltiplos de valoración, como el múltiplo EBITDA, que se utiliza comúnmente en la valoración de empresas maduras y establecidas.

Cómo se Calcula el EBITDA:

El cálculo del EBITDA se realiza sumando los ingresos operativos de la empresa y restando los gastos operativos, excluyendo los intereses, impuestos, depreciación y amortización. La fórmula básica para calcular el EBITDA es la siguiente:

EBITDA = Ingresos Operativos - Gastos Operativos

Donde:

- Ingresos Operativos: Ingresos generados por las operaciones principales de la empresa.

- Gastos Operativos: Costos relacionados directamente con la operación del negocio, excluyendo los intereses, impuestos, depreciación y amortización.

Conclusión:

El EBITDA es una medida financiera clave que proporciona información valiosa sobre el desempeño operativo de una empresa. Su importancia radica en su capacidad para evaluar la rentabilidad operativa y la capacidad de pago de la empresa, así como en su utilidad como base para la valoración empresarial. Al comprender qué es el EBITDA y cómo se calcula, los inversores y analistas pueden tomar decisiones más informadas sobre la valoración y el desempeño de una empresa en el mercado.

GLOSARIO

Activos Intangibles: Bienes que no tienen una forma física pero aún tienen valor para una empresa, como la propiedad intelectual, la marca y las patentes.

Amortización: La reducción gradual del valor de un activo intangible a lo largo del tiempo.

Análisis de Riesgos: Proceso de evaluación y gestión de los riesgos potenciales que enfrenta una empresa.

Asset Allocation: Estrategia de inversión que consiste en distribuir el capital entre diferentes clases de activos, como acciones, bonos y efectivo, con el fin de minimizar el riesgo y maximizar el rendimiento.

Benchmarking: Proceso de comparar el rendimiento de una empresa, producto o servicio con los estándares de la industria o de la competencia.

EBITDA: Abreviatura de "Earnings Before Interest, Taxes, Depreciation, and Amortization" en inglés, que se traduce al español como "Beneficio antes de Intereses, Impuestos, Depreciación y Amortización". Es una medida financiera que representa los ingresos operativos de una empresa antes de descontar ciertos gastos.

Estrategia de Marketing Digital: Plan integral que utiliza medios digitales como el internet y las redes sociales para promocionar un producto o servicio.

Estrategia Patrimonial: Planificación financiera integral diseñada para maximizar y proteger el patrimonio de una persona o empresa.

Flujo de Caja: El flujo de efectivo que una empresa recibe y gasta durante un período de tiempo determinado.

Fideicomiso de Inversión: Una estructura de inversión en la que los fondos de varios inversionistas se combinan para invertir en una cartera diversificada de activos.

Inversión Diversificada: Estrategia de inversión que consiste en distribuir los fondos entre diferentes clases de activos para reducir el riesgo.

Lead Generation: Proceso de identificar y cultivar clientes potenciales para un negocio.

Materialidad Ontológica: Se refiere a la importancia fundamental de los aspectos esenciales de una entidad o negocio.

Pasivo: Obligaciones financieras o deudas que una empresa debe pagar en el futuro.

Plan de Negocios: Documento que describe los objetivos, estrategias y procesos de una empresa para alcanzar el éxito.

ROI (Return on Investment): Retorno de la inversión, que mide la rentabilidad de una inversión en relación con su costo.

SEO (Search Engine Optimization): Proceso de optimización de un sitio web para mejorar su visibilidad en los motores de búsqueda como Google.

Tasa de Interés: Porcentaje que se cobra o paga por el uso del dinero, expresado como una proporción del capital original.

Valuación: Proceso de determinar el valor de una empresa, activo o inversión.

SOBRE EL AUTOR

Carlos Enrique Garcés Ventosa

Como asesor patrimonial, los últimos 30 años ha ayudado a cientos de familias y empresarios a generar, conservar, proteger, consolidar y blindar su patrimonio.

Actualmente es consultor financiero y CEO de Mi Patrimonio Academy.

En sus cuatro libros: El corazón de mi patrimonio, Descubre los secretos del coaching patrimonial, Estratega patrimonial hecho en México y Heartfulness financiero, vuelca partes sustanciales de su proceso personal.

Nació en la Ciudad de México y estudió la carrera de ingeniería civil en la Universidad Anáhuac y el Máster en Dirección de empresas en el IPADE Business School. Estudió también la maestría en Derecho Corporativo.

Made in the USA
Columbia, SC
04 December 2024